Immer mehr Menschen verlangen nach spannenden Gemüsegerichten. Warum? Ganz einfach, weil keine andere Lebensmittelgruppe so viele Aromen, so viel Abwechslung, so viel Gesundheit und Farbe auf den Teller bringt! In der modernen Küche wählt man heute zuerst das Gemüse aus, dabei richtet man sich möglichst nach der Saison und entscheidet dann aus dem Bauch heraus, worauf man gerade Lust hat. «Gemüselust – neu entdeckt» bedeutet, dass das Gemüse ganz im Zentrum steht. Natürlich finden Sie auch Fleisch in unseren Gerichten, aber ehrlich gesagt spielt es oft nur eine Nebenrolle. So farbenfroh und lecker sind unsere Gemüsekreationen und haben so gar nichts mehr mit den Stiefkind-Beilagen vergangener Zeiten zu tun. Wir entführen Sie auf eine Schlemmerreise durch eine verführerische Gemüseküche durch alle vier Jahreszeiten und garantieren, dass diese Rezepte jeden Gemüsemuffel in einen Gemüsefan verwandeln. Und damit Ihre Gemüseküche noch fantasievoller und aromatischer wird, haben wir ein ganzes Kapitel mit Tipps und Tricks zur Gemüseküche in der Praxis mit vielen Ideen zum einfachen und schnellen Verfeinern von Rüebli & Co. Treiben Sie es so bunt wie nie zuvor, und geniessen Sie die neue Gemüselust!

Betty Bossi

Herausgegeben von der Betty Bossi AG, Postfach, 8021 Zürich.

# Legende

mit Kalbfleisch

mit Rindfleisch

mit Schweinefleisch

mit Lamm

mit Poulet

mit Fisch/Meeresfrüchten

vegetarisch

vegan

# Inhalt

# Frühling

# Artischocken

**Rüsten von Carciofini und Artischocken**

Bei jungen Artischocken (Carciofini) die Stiele grosszügig schälen und frisch anschneiden. Bei grossen Artischocken den Stiel direkt unter dem Blütenkopf abbrechen. Bei den Carciofini die untersten 2–3, bei grossen Artischocken 3–4 Reihen Blätter des Blütenkopfs entfernen, restliche Blattspitzen mit einem Messer um ca. ⅓ kürzen. Schnittflächen sofort mit Zitronensaft bestreichen und zügig zubereiten, da sich die gerüsteten Stellen schnell braun verfärben.

**Tipp**

Artischocken sind gut für die Figur, denn sie enthalten natürliche Bitterstoffe. Diese dämpfen das Verlangen nach Süssem und sorgen dafür, dass das Sättigungsgefühl rascher eintritt. Zudem senken die Bitterstoffe das Insulin im Blut, bremsen dadurch Heisshungerattacken und fördern die Fettverbrennung.

# Carciofini im Speckmantel

Vor- und zubereiten: ca. 35 Min.
Vorspeise für 4 Personen

**10 kleine Artischocken** (Carciofini)
**½ Bund Thymian**
**10 Tranchen Bratspeck,** halbiert

**1 EL Olivenöl**
**300 g Rüebli,** in Würfeli
**3 EL Kapern,** abgetropft
**3 EL Marsala**
**1 dl Gemüsebouillon**
**wenig Pfeffer**

**2 EL Aceto balsamico**
**50 g Parmesan,** in Spänen

1. Von den Artischocken je die untersten 2–3 Reihen Blätter des Blütenkopfs entfernen, restliche Blattspitzen um ca. ⅓ kürzen, halbieren. Je 1 Zweiglein Thymian auf eine Artischocke legen, mit je einer Tranche Speck umwickeln.
2. Öl in einer Bratpfanne heiss werden lassen. Artischocken und Rüebli bei mittlerer Hitze ca. 5 Min. rührbraten. Kapern und Marsala beigeben, Bouillon dazugiessen. Zugedeckt bei kleiner Hitze ca. 10 Min. köcheln, würzen.
3. Artischocken auf Tellern anrichten, Aceto darüberträufeln, Käse darüberstreuen.

**Portion:** 300 kcal, F 25 g, Kh 7 g, E 10 g

# Artischocken mit Tomaten-Vinaigrette

Vor- und zubereiten: ca. 50 Min.
Hauptgericht für 4 Personen

- 3 EL **Weissweinessig**
- 6 EL **Olivenöl**
- 1 **rote Zwiebel,** fein gehackt
- 250 g **Cherry-Tomaten,** in Vierteln
- 2 EL **Estragon** oder Petersilie, fein geschnitten
- ¼ TL **Salz**
- wenig **Pfeffer**

---

- 3 l **Wasser**
- 1 **Bio-Zitrone,** in Scheiben
- 6–8 **grosse Artischocken**
- 1 EL **Salz**

1. Essig und Öl verrühren, Zwiebel und alle Zutaten bis und mit Pfeffer beigeben, mischen.
2. Wasser und Zitronenscheiben in eine grosse Pfanne geben. Artischockenstiele direkt unter dem Blütenansatz abbrechen, je die untersten 3–4 Reihen Blätter des Blütenkopfs entfernen, restliche Blattspitzen um ca. ⅓ kürzen. Artischocken sofort ins Wasser geben, aufkochen, salzen, Hitze reduzieren, ca. 35 Min. köcheln. Herausnehmen, abtropfen, Heu mit einem Löffel herausnehmen. Artischocken mit der Vinaigrette servieren.

**Dazu passt:** Risotto.

**Portion:** 421 kcal, F 41 g, Kh 7 g, E 4 g

# Artischocken-Tortillas

Vor- und zubereiten: ca. 15 Min.
Vorspeise für 4 Personen

| | |
|---|---|
| 125 g | **Bio-Frischkäse nature** |
| 150 g | **Hummus** |
| 8 | **Weizen-Tortillas** |
| 90 g | **Rucola** |
| 2 Gläser | **Artischockenherzen in Öl** (je ca. 190 g), abgetropft, in Vierteln |
| 1 | **Granatapfel,** Kerne ausgelöst |

1. Frischkäse und Hummus verrühren, Tortillas damit bestreichen.
2. Rucola, Artischocken und Granatapfelkerne darauf verteilen, aufrollen.

**Portion:** 509 kcal, F 25 g, Kh 57 g, E 13 g

# Tagliatelle mit Barba di frate und Crevetten

Vor- und zubereiten: ca. 35 Min.
Hauptgericht für 4 Personen

**350 g Teigwaren** (z. B. Tagliatelle)
**Salzwasser,** siedend
**500 g Barba di frate** (siehe Hinweis), grobe Stiele und rotbraune Enden entfernt

**2 dl Saucen-Halbrahm**
**1 dl Prosecco**
**Salz, Pfeffer,** nach Bedarf

**2 EL Olivenöl**
**16 geschälte rohe Riesencrevetten-Schwänze**
**2 Knoblauchzehen,** in Scheibchen
**½ TL Salz**
**wenig Pfeffer**

1. Teigwaren im Salzwasser knapp al dente kochen. Barba di frate beigeben, ca. 1 Min. mitkochen. 1 dl Kochwasser beiseite stellen, Teigwaren abtropfen.
2. Beiseite gestelltes Kochwasser mit Rahm und Prosecco in die Pfanne giessen, aufkochen, würzen. Pfanne von der Platte nehmen, Teigwaren wieder beigeben, mischen, zudecken.
3. Öl in einer Bratpfanne heiss werden lassen. Crevetten und Knoblauch portionenweise je ca. 2 Min. rührbraten, würzen, mit den Teigwaren anrichten.

**Hinweis:** Barba di frate (Mönchsbart) ist von März bis Mai auf Gemüsemärkten erhältlich. Ersatz: Jungspinat.

**Portion:** 564 kcal, F 19 g, Kh 68 g, E 25 g

# Barba di frate mit verlorenem Ei

Vor- und zubereiten: ca. 25 Min.
Vorspeise für 4 Personen

**1 EL Butter**
**500 g Barba di frate,** grobe Stiele und rotbraune Enden entfernt
**1 Bio-Zitrone,** wenig abgeriebene Schale und 1 EL Saft
**½ TL Salz**
**wenig Pfeffer**

**1½ l Wasser**
**1 dl Weissweinessig**
**4 frische Eier**

**4 Scheiben Toastbrot**
**25 g Butter**
**wenig Fleur de Sel**
**wenig Pfeffer**

1. Butter in einer weiten Pfanne warm werden lassen. Barba di frate ca. 8 Min. dämpfen. Zitronenschale und -saft beigeben, würzen, zugedeckt beiseite stellen.
2. Wasser und Essig aufkochen, Hitze reduzieren. Eier einzeln in eine Tasse aufschlagen, sorgfältig ins leicht siedende Wasser gleiten lassen, ca. 4 Min. knapp unter dem Siedepunkt ziehen lassen. Eier mit einer Schaumkelle herausnehmen, abtropfen.
3. Toastbrot rösten, mit Butter bestreichen. Barba di frate und die pochierten Eier darauf anrichten, würzen.

**Portion:** 250 kcal, F 16 g, Kh 15 g, E 11 g

# Bundrüebli-Pickles mit Plätzli

Vor- und zubereiten: ca. 35 Min.
Für 1 Einmachglas von ca. 7½ dl
Hauptgericht für 4 Personen

**1 EL gemischte Pfefferkörner**
**1 EL Senfkörner**
**5 Kardamomkapseln**
**3 dl Aceto balsamico bianco**
**2 dl Wasser**
**100 g Rohzucker**
**1 TL Salz**
**1 kg Bundrüebli mit wenig Grün**

**125 g Mascarpone**
**30 g Kresse**
**¼ TL Salz**
**wenig Pfeffer**

**1 EL Olivenöl**
**4 Rindshuftplätzli** (je ca. 120 g)
**¾ TL Salz**
**wenig Pfeffer**

1. Pfeffer, Senf und Kardamom im Mörser zerstossen, in eine weite Pfanne geben. Aceto und alle Zutaten bis und mit Salz beigeben, aufkochen, Hitze reduzieren. Rüebli beigeben, ca. 6 Min. knapp weich kochen. Rüebli mit einer Schaumkelle herausnehmen, heiss in das saubere, vorgewärmte Glas geben. Den Sud nochmals aufkochen, bis zum Überlaufen über die Rüebli giessen, Glas sofort verschliessen, auf einem Tuch auskühlen.
2. Mascarpone und alle Zutaten bis und mit Pfeffer mischen.
3. Öl in einer Bratpfanne heiss werden lassen. Plätzli beidseitig je ca. 2 Min. braten, würzen, mit den Bundrüebli-Pickles und der Kressecreme anrichten.

**Dazu passt:** Risotto.

**Portion:** 562 kcal, F 21 g, Kh 53 g, E 32 g

**Tipp:** Die Bundrüebli-Pickles passen auch gut zu Fondue und Raclette. Haltbarkeit: kühl und dunkel ca. 6 Monate. Einmal geöffnet, das Glas im Kühlschrank aufbewahren, Pickles rasch konsumieren.

# Bundrüebli und Kartoffeln mit Pesto

vegan

Vor- und zubereiten: ca. 25 Min.
Backen: ca. 35 Min.
Hauptgericht für 4 Personen

**800 g Bundrüebli mit wenig Grün,** ca. 10 g Grün beiseite gelegt, Rüebli längs halbiert
**600 g Frühkartoffeln,** je nach Grösse halbiert
**80 g Mandeln,** grob gehackt
**2 EL Ahornsirup**
**1 EL Olivenöl**
**1¼ TL Salz**
**wenig Pfeffer**

---

**20 g Bärlauch**
**1 Bio-Zitrone,** nur ½ abgeriebene Schale und 1 EL Saft
**4 EL Olivenöl**
**Salz, Pfeffer,** nach Bedarf

1. Rüebli und alle Zutaten bis und mit Pfeffer in einer grossen Schüssel mischen, auf einem mit Backpapier belegten Blech verteilen.
2. **Backen:** ca. 35 Min. in der Mitte des auf 200 Grad vorgeheizten Ofens.
3. Beiseite gestelltes Bundrüebligrün und Bärlauch fein schneiden, mit der Zitronenschale, dem Zitronensaft und dem Öl mischen, würzen. Pesto zum Gemüse servieren.

**Dazu passt:** gebratener geräucherter Tofu.

**Portion:** 431 kcal, F 24 g, Kh 41 g, E 10 g

# Bundrüebli-Tarte

Vor- und zubereiten: ca. 20 Min.
Backen: ca. 30 Min.
Hauptgericht für 4 Personen

**3 EL Rapsöl**
**1 TL Zucker**
**1 EL Thymianblättchen**
**½ TL Salz**
**wenig Pfeffer**
**600 g kleine Bundrüebli,** Grün bis auf ca. 2 cm gekürzt, längs halbiert

**1 ausgewallter Blätterteig** (ca. 25 × 42 cm), längs halbiert

**180 g Crème fraîche**
**¼ TL Salz**
**wenig Pfeffer**

1. Öl, Zucker und Thymian in einer grossen Schüssel verrühren, würzen, Rüebli beigeben, sorgfältig mischen.
2. Blätterteighälften auf ein mit Backpapier belegtes Blech legen. Die Ränder an den Schmalseiten einschlagen. Teigboden mit einer Gabel dicht einstechen. Rüebli dicht nebeneinander, mit der Schnittfläche nach oben, abwechslungsweise mit den Spitzen nach links und rechts auf den Teig legen.
3. **Backen:** ca. 30 Min. in der unteren Hälfte des auf 200 Grad vorgeheizten Ofens.
4. Crème fraîche, Salz und Pfeffer verrühren, zur lauwarmen Tarte servieren.

   **Dazu passt:** Blattsalat.

**Portion:** 595 kcal, F 44 g, Kh 43 g, E 6 g

# Glasierte Bundrüebli

Vor- und zubereiten: ca. 30 Min.
Beilage für 4 Personen

**1 EL Butter**
**1 Schalotte,** fein gehackt
**800 g Bundrüebli mit wenig Grün,** längs halbiert

**1½ dl Gemüsebouillon**
**1 TL Zucker**
**1 EL Butter**
**Salz, Pfeffer,** nach Bedarf

1. Butter in einer weiten Pfanne warm werden lassen. Schalotte andämpfen, Rüebli kurz mitdämpfen.
2. Bouillon dazugiessen, unter gelegentlichem Wenden ca. 10 Min. vollständig einkochen. Zucker und Butter beigeben, kurz weiterköcheln, bis die Rüebli glänzen, würzen.

**Passt zu:** Hackbraten, Geschnetzeltem, Nüdeli oder Risotto.

**Portion:** 119 kcal, F 6 g, Kh 12 g, E 1 g

# Bundzwiebel-Speck-Crostini

Vor- und zubereiten: ca. 20 Min.
Backen: ca. 15 Min.
Vorspeise für 4 Personen

| | |
|---|---|
| 3 | **Bundzwiebeln mit dem Grün,** längs geviertelt, quer gedrittelt |
| 300 g | **Rhabarber,** in 12 Stängelchen |
| 12 | **Tranchen Bratspeck** |
| ½ TL | **Fleur de Sel** |
| wenig | **Pfeffer** |
| 12 | **Scheiben Pagnolbrot** (ca. 350 g) |
| 1 EL | **flüssiger Honig** |

1. Bundzwiebeln und Rhabarber zu 12 Portionen bündeln, mit je einer Specktranche umwickeln. Päckli auf ein mit Backpapier belegtes Blech legen, würzen.
2. Brotscheiben auf ein mit Backpapier belegtes Blech legen.
3. **Backen:** ca. 15 Min. im auf 180 Grad vorgeheizten Ofen (Heissluft). Herausnehmen, Gemüsebündel auf die Brotscheiben legen, mit Honig beträufeln.

**Portion:** 393 kcal, F 14 g, Kh 49 g, E 14 g

# Linsen mit Frühlingsgemüse und Morcheln

Vor- und zubereiten: ca. 45 Min.
Hauptgericht für 4 Personen

**200 g schwarze Linsen** (z. B. Beluga)
**8 dl Wasser,** siedend

**1 EL Olivenöl**
**400 g Bundrüebli,** evtl. längs halbiert
**200 g Morcheln,** halbiert, gut gewaschen, abgetropft
**6 Bundzwiebeln mit dem Grün,** in feinen Ringen, wenig Grün beiseite gestellt
**½ TL Salz**
**½ dl Weisswein**
**2 dl Saucen-Halbrahm**
**1 dl Gemüsebouillon**
**1 Briefchen Safran**
**Salz, Pfeffer,** nach Bedarf

1. Linsen im Wasser ca. 20 Min. weich kochen, abspülen, abtropfen, zurück in die Pfanne geben, zugedeckt beiseite stellen.
2. Öl in einer Bratpfanne heiss werden lassen. Rüebli und Morcheln ca. 5 Min. rührbraten, Bundzwiebeln kurz mitbraten, salzen. Wein dazugiessen, vollständig einkochen. Rahm, Bouillon und Safran beigeben, ca. 10 Min. köcheln, würzen. Gemüse mit den Linsen anrichten, beiseite gestelltes Zwiebelgrün darüberstreuen.

**Portion:** 372 kcal, F 17 g, Kh 35 g, E 16 g

# Bundzwiebel-Quiches

Vor- und zubereiten: ca. 25 Min.
Backen: ca. 20 Min.
Für ein Muffinsblech mit
12 Vertiefungen von je ca. 7 cm Ø,
gefettet, bemehlt
Hauptgericht für 4 Personen

**6 Scheiben Toastbrot**
**3 EL Salbei,** fein geschnitten
**2 EL Olivenöl**
**¼ TL Salz**

**6 Bundzwiebeln mit dem Grün**, in feinen Ringen
**7 Eier,** verklopft
**1 dl Milch**
**120 g geriebener Gruyère**
**wenig Muskat**
**½ TL Salz**
**wenig Pfeffer**

1. Von den Toastbrotscheiben 12 Rondellen (ca. 5 cm Ø) ausstechen, ins vorbereitete Blech legen. Restliches Toastbrot fein hacken, mit dem Salbei, Öl und Salz mischen.
2. Bundzwiebeln in die Vertiefungen verteilen. Eier und alle restlichen Zutaten verrühren, in die Vertiefungen giessen. Brotmischung darauf verteilen.
3. **Backen:** ca. 20 Min. auf der untersten Rille des auf 200 Grad vorgeheizten Ofens. Herausnehmen, sorgfältig aus der Form lösen.

**Dazu passt:** Blattsalat.

**Portion:** 466 kcal, F 30 g, Kh 23 g, E 24 g

# Spinat-Risotto mit Mistkratzerli

Vor- und zubereiten: ca. 35 Min.
Backen: ca. 40 Min.
Hauptgericht für 4 Personen

---

**2 Mistkratzerli** (je ca. 500 g)
**1 EL Olivenöl**
**1 EL Rosmarin,** fein geschnitten
**¼ TL Zimt**
**1 TL Salz**
**wenig Pfeffer**
**1 frischer Knoblauch mit der Schale,** halbiert

---

**1 EL Olivenöl**
**1 Zwiebel,** in feinen Streifen
**300 g Risottoreis** (z. B. Carnaroli)
**2 dl Weisswein**
**8 dl Hühnerbouillon,** heiss

---

**300 g Jungspinat**
**50 g geriebener Gruyère**
**Salz, Pfeffer,** nach Bedarf

---

**50 g Butter,** weich
**1 Bio-Zitrone,** nur wenig abgeriebene Schale
**Salz,** nach Bedarf

---

1. Mistkratzerli innen und aussen kalt abspülen, trocken tupfen, mit Öl bestreichen. Rosmarin Zimt, Salz und Pfeffer mischen, Mistkratzerli damit würzen, mit dem Knoblauch auf ein mi Backpapier belegtes Blech legen.
2. **Backen:** ca. 40 Min. in der Mitte des auf 220 Grad vorgeheizten Ofens.
3. Öl in einer Pfanne warm werden lassen. Zwiebe andämpfen. Reis beigeben, unter Rühren dünsten, bis der Reis glasig ist. Wein dazugies- sen, vollständig einkochen. Bouillon unter häufigem Rühren nach und nach dazugiessen sodass der Reis immer knapp mit Flüssigkeit bedeckt ist, ca. 15 Min. köcheln.
4. Spinat nach und nach beigeben, zusammmen-fallen lassen, ca. 5 Min. weiterköcheln, bis der Reis cremig und al dente ist. Käse darunter mischen, würzen.
5. Gebackene Knoblauchzehen aus der Schale lösen, zerdrücken, mit Butter und Zitronen-schale mischen, salzen. Die Hälfte davon unter den Risotto mischen, Rest mit den Mistkrat-zerli und dem Risotto anrichten.

**Portion:** 742 kcal, F 34 g, Kh 66 g, E 36 g

# Knoblauchkartoffeln mit Lachs

or- und zubereiten: ca. 20 Min.
acken: ca. 30 Min.
auptgericht für 4 Personen

---

**1 kg Frühkartoffeln,** halbiert
**1 frischer Knoblauch,** Zehen ausgelöst, ½ davon gepresst
**2 EL Mehl**
**2 EL Olivenöl**
**1 TL milder Paprika**
**1 TL Salz**
**wenig Pfeffer**

---

**4 Lachsfilets ohne Haut** (je ca. 150 g)
**¾ TL Salz**
**wenig Pfeffer**

---

**2 EL Aceto balsamico bianco**
**½ Bund Estragon,** grob geschnitten

---

1. Kartoffeln und alle Zutaten bis und mit Pfeffer in einer grossen Schüssel mischen, auf einem mit Backpapier belegten Blech verteilen.
2. **Backen:** ca. 18 Min. in der Mitte des auf 200 Grad vorgeheizten Ofens. Herausnehmen, Fisch würzen, auf die Kartoffeln legen.
3. **Fertig backen:** ca. 12 Min. Herausnehmen, Aceto über den Fisch träufeln, Estragon darüberstreuen.

**Dazu passt:** Blattspinat.

**Portion:** 638 kcal, F 27 g, Kh 55 g, E 37 g

# Spinatsalat mit Poulet

Vor- und zubereiten: ca. 30 Min.
Hauptgericht für 4 Personen

---

1 **Mango** (ca. 450 g), in Würfeln
1 **Knoblauchzehe,** grob gehackt
**½ EL milder Senf**
**3 EL Aceto balsamico bianco**
**5 EL Rapsöl**
**¼ TL Salz**
**wenig Pfeffer**

---

**1 EL Olivenöl**
**4 Pouletbrüstli** (je ca. 130 g)
**½ TL Salz**
**wenig Pfeffer**
**1 Dose Cannellini-Bohnen** (ca. 400 g), abgespült, abgetropft

---

**300 g Jungspinat**
**125 g Erdbeeren,** in Schnitzchen

---

1. Ein Drittel der Mango mit allen Zutaten bis und mit Pfeffer pürieren.
2. Öl in einer beschichteten Bratpfanne heiss werden lassen. Hitze reduzieren, Poulet beidseitig je ca. 5 Min. braten, herausnehmen, würzen. Bohnen in derselben Pfanne 3 Min. rührbraten.
3. Poulet mit den Bohnen, dem Spinat, den Erdbeeren und der restlichen Mango auf Tellern anrichten, Sauce darüberträufeln.

**Dazu passt:** getoastetes Brot.

**Portion:** 428 kcal, F 19 g, Kh 23 g, E 36 g

# Spinat-Quinoa-Salat

Vor- und zubereiten: ca. 20 Min.
Für 4 Gläser von je ca. 6 dl
Hauptgericht für 4 Personen

**200 g Quinoa**
**7 dl Wasser**
**¾ TL Salz**

**300 g Jungspinat**
**450 g Hüttenkäse nature**
**8 Dörraprikosen** (soft), in feinen Streifen
**2 EL Sonnenblumenkerne**

**1 EL grobkörniger Senf**
**2½ EL Weissweinessig**
**5 EL Rapsöl**
**2 EL Wasser**
**Salz, Pfeffer,** nach Bedarf

1. Quinoa mit dem Wasser und dem Salz aufkochen, offen ca. 20 Min. weich kochen, auskühlen, in die Gläser füllen.
2. Spinat, Hüttenkäse, Dörraprikosen und Sonnenblumenkerne darauf verteilen.
3. Senf, Essig, Öl und Wasser verrühren, würzen. Sauce kurz vor dem Servieren über den Salat träufeln.

**Portion:** 496 kcal, F 24 g, Kh 38 g, E 25 g

# Spinat-Smoothie

Vor- und zubereiten: ca. 5 Min.
Gefrieren: ca. 1 Std.
Ergibt ca. 8 dl

**2 Bananen,** in Scheiben

**150 g Jungspinat**
**10 Pfefferminzblätter**
**4 dl Ananassaft**

1. Bananenscheiben ca. 1 Std. gefrieren.
2. Spinat und Pfefferminze mit den Bananen und dem Ananassaft im Mixglas pürieren.

**Portion:** 107 kcal, F 0 g, Kh 22 g, E 2 g

# Kohlrabi

**Rüsten**

Kohlrabi haben manchmal harte, sogenannt hölzige Stellen. Diese erkennt man am besten, wenn man die Kohlrabi mit dem Sparschäler schält. Dort, wo der Sparschäler hängen bleibt, gibt es harte Stellen, diese mit dem Messer entfernen. Die Rüstabfälle lassen sich für eine Gemüsebouillon verwenden (Rezept S. 292).

**Tipps**

Was viele nicht wissen: Die zarten Herzblätter von Kohlrabi sind essbar und viel zu schade zum Wegwerfen: Sie sind Lieferanten von viel Provitamin A und Vitamin C, das entzündungshemmend wirken kann. Die fein geschnittenen Blätter sind eine aromatische Salatzutat. Grössere Blätter wie Spinat als Gemüse zubereiten.

**Teig aufrollen**
Teig auf ein Tuch legen. Mit bemehlten Händen von der Mitte her sorgfältig sehr dünn ausziehen, bis der Teig überall durchscheinend ist. Füllung auf dem Teig verteilen (siehe Punkt 3). Seitliche Ränder einschlagen, Tuch leicht anheben, Strudel locker aufrollen.

# Kohlrabistrudel

Vor- und zubereiten: ca. 35 Min.
Ruhen lassen: ca. 30 Min.
Backen: ca. 20 Min.
Hauptgericht für 4 Personen

---

**150 g Mehl**
**½ TL Salz**
**1 TL Curry**
**1 frisches Ei**
**3 EL lauwarmes Wasser**
**2 EL Olivenöl**

---

**1 EL Olivenöl**
**900 g Kohlrabi,** in Würfeli
**1 Bundzwiebel mit dem Grün,** in Ringen
**3 EL Wasser**
**50 g Tilsiter,** grob gerieben
**½ TL Salz**
**wenig Pfeffer**

---

**50 g Butter,** flüssig, etwas abgekühlt

---

1. **Strudelteig:** Mehl, Salz und Curry in einer Schüssel mischen. Ei, Wasser und Öl gut verrühren, beigeben, mit einer Kelle zusammenfügen, auf wenig Mehl zu einem glatten, geschmeidigen Teig kneten, zu einer Kugel formen. Teig unter einer heiss ausgespülten Schüssel bei Raumtemperatur ca. 30 Min. ruhen lassen.
2. Öl in einer Pfanne warm werden lassen. Kohlrabi und Bundzwiebel ca. 2 Min. andämpfen. Wasser beigeben, aufkochen. Hitze reduzieren, offen ca. 4 Min. kochen, bis alle Flüssigkeit eingekocht ist, auskühlen. Käse daruntermischen, würzen.
3. Teig auf wenig Mehl rechteckig möglichst dünn auswallen, auf ein Tuch legen, sehr dünn ausziehen. Teig mit Butter bestreichen, Füllung auf dem unteren Drittel des Teigs verteilen, dabei seitlich einen Rand von ca. 3 cm frei lassen. Teig aufrollen (kleines Bild), mit dem Verschluss nach unten auf ein mit Backpapier belegtes Blech legen, mit restlicher Butter bestreichen.
4. **Backen:** ca. 20 Min. in der Mitte des auf 200 Grad vorgeheizten Ofens.

   **Dazu passt:** Blattsalat.

**Portion:** 413 kcal, F 25 g, Kh 34 g, E 13 g

# Kohlrabi mit Dillrahm und Streuseln

Vor- und zubereiten: ca. 30 Min.
Hauptgericht für 4 Personen

**2 dl Saucen-Halbrahm**
**1½ dl Wasser**
**1 TL Salz**
**wenig Pfeffer**
**4 kleine Kohlrabi** (je ca. 200 g)
**1 Bund Dill,** fein geschnitten

**50 g Mandeln,** grob gehackt
**120 g Landrauchschinken in Tranchen,** in sehr feinen Streifen

1. Rahm und Wasser in eine weite Pfanne giessen, würzen. Kohlrabi beigeben, zugedeckt bei kleiner Hitze ca. 20 Min. weich köcheln. Dill beigeben.
2. Mandeln in einer Bratpfanne rösten, Schinken beigeben, nur noch warm werden lassen. Kohlrabi mit dem Rahm anrichten, Streusel darauf verteilen.

**Dazu passt:** Risotto, Teigwaren.

**Portion:** 313 kcal, F 23 g, Kh 8 g, E 15 g

# Kohlrabi-Pickles

Vor- und zubereiten: ca. 20 Min.
Für 2 Gläser von je ca. 5 dl
mit Deckel
Beilage für 8 Personen

- **4 dl Weissweinessig**
- **3 dl Wasser**
- **150 g Zucker**
- **1 EL Senfkörner**
- **1 EL gemischte Pfefferkörner,** zerstossen
- **2 TL Salz**
- **1 Zimtstange**
- **1 kg kleine Kohlrabi,** in ca. 1½ cm dicken Schnitzen

Essig mit allen Zutaten bis und mit Zimt in einer weiten Pfanne aufkochen. Kohlrabi beigeben, ca. 5 Min. knapp weich kochen. Kohlrabi mit einer Schaumkelle herausnehmen, heiss in die sauberen, vorgewärmten Gläser geben. Den Sud nochmals aufkochen, bis zum Überlaufen über die Kohlrabi giessen, Gläser sofort verschliessen, auf einem Tuch auskühlen.

**Tipp:** Die Kohlrabi-Pickles passen gut zu Fondue und Raclette. Haltbarkeit: kühl und dunkel ca. 6 Monate. Einmal geöffnet, das Glas im Kühlschrank aufbewahren, Pickles rasch konsumieren.

**Portion:** 111 kcal, F 0 g, Kh 22 g, E 2 g

# Kohlrabi mit Pouletflügeli

Vor- und zubereiten: ca. 30 Min.
Backen: ca. 35 Min.
Hauptgericht für 4 Personen

**1 EL Olivenöl**
**1 EL Melasse** oder flüssiger Honig
**1 TL Salz**
**1 kg kleine Kohlrabi**

---

**1 EL Melasse** oder flüssiger Honig
**2 EL Zitronensaft**
**1 EL Olivenöl**
**1 roter Chili,** entkernt, in Ringen
**1 TL Salz**
**800 g Pouletflügeli**

---

**4 EL milder Senf**
**2 EL Wasser**
**2 EL Aprikosenkonfitüre**

1. Öl, Melasse und Salz in einer grossen Schüssel verrühren. Kohlrabi in ca. 3 mm dicken Scheiben direkt in die Schüssel hobeln, mischen, auf einem mit Backpapier belegten Blech verteilen.
2. Melasse und alle Zutaten bis und mit Salz in derselben Schüssel verrühren. Poulet beigeben, mischen, auf den Kohlrabi verteilen.
3. **Backen:** ca. 35 Min. in der Mitte des auf 220 Grad vorgeheizten Ofens.
4. Senf, Wasser und Konfitüre verrühren, mit den Kohlrabi und den Pouletflügeli anrichten.

**Dazu passt:** Reis.

**Portion:** 284 kcal, F 11 g, Kh 19 g, E 26 g

# Kohlrabisalat mit Rauchmandeln

vegan

Vor- und zubereiten: ca. 45 Min.
Vorspeise für 4 Personen

**60g Rauchmandeln** (siehe Hinweis), fein gehackt
**2 rote Chilis,** entkernt, fein gehackt
**2 Knoblauchzehen,** fein gehackt
**2 EL Sojasauce**
**1½ EL Rohzucker**
**1 EL Limettensaft**
**100g Kefen,** in feinen Streifen
**2 Tomaten,** entkernt, in Würfeli

**600g Kohlrabi**

1. Mandeln und alle Zutaten bis und mit Limettensaft in einer Schüssel mischen. Kefen und Tomaten beigeben.
2. Kohlrabi in feine Scheiben hobeln, mehrere Scheiben aufeinanderlegen und in feine Streifen schneiden. Portionenweise beigeben, mithilfe eines Löffels und einer Kelle mischen und stampfen, ca. 15 Min. ziehen lassen.

**Hinweis:** Rauchmandeln sind in grösseren Coop Supermärkten erhältlich. Ersatz: gesalzene Mandeln.

**Portion:** 188kcal, F 7g, Kh 16g, E 9g

# Frühlingssalat auf Randenfladenbrot

Vor- und zubereiten: ca. 1 Std.
Aufgehen lassen: ca. 1½ Std.
Vorspeise für 8 Personen

---

**300 g Mehl**
**¾ TL Salz**
**¼ Würfel Hefe** (ca. 10 g), zerbröckelt
**¼ TL Zucker**
**1¾ dl Randensaft,** lauwarm
**½ dl Olivenöl**

---

**Öl** zum Backen

---

**1 EL milder Senf**
**2 EL Weissweinessig**
**4 EL Rapsöl**
**50 g Pekannüsse,** fein gehackt
**Salz, Pfeffer,** nach Bedarf
**120 g Brunnenkresse**
**250 g Cherry-Tomaten,** halbiert
**4 hart gekochte Eier,** in Scheiben

---

1. Mehl, Salz, Hefe und Zucker in einer Schüssel mischen. Randensaft und Öl dazugiessen, zu einem weichen, glatten Teig kneten. Zugedeckt bei Raumtemperatur ca. 1½ Std. aufs Doppelte aufgehen lassen.
2. Teig in 8 Portionen teilen, zu Kugeln formen, auf wenig Mehl zu Fladen von je ca. 13 cm Ø auswallen. Wenig Öl in einer beschichteten Bratpfanne heiss werden lassen. Hitze reduzieren, Fladen nacheinander bei mittlerer Hitze beidseitig je ca. 2 Min. backen, herausnehmen, zugedeckt warm stellen.
3. Senf, Essig und Öl verrühren, Nüsse beigeben, würzen. Kresse, Tomaten und Eier auf den Fladenbroten verteilen, Sauce darüberträufeln.

**Portion:** 695 kcal, F 40 g, Kh 60 g, E 18 g

# Kressewähe

Vor- und zubereiten: ca. 25 Min.
Backen: ca. 30 Min.
Für ein Backblech von ca. 30 cm Ø, Boden mit Backpapier belegt
Hauptgericht für 4 Personen

**100 g Kresse**
**8 Eier**
**1 dl Halbrahm**
**1 EL Mehl**
**½ TL Salz**
**wenig Cayennepfeffer**

**1 Päckli Strudelteig** (ca. 120 g)
**20 g Butter,** flüssig, abgekühlt
**150 g Bergkäse** (z. B. Gomser), grob gerieben

**2 EL Aceto balsamico bianco**
**2 EL Olivenöl**
**Salz, Pfeffer,** nach Bedarf
**100 g Kresse**
**3 EL Pinienkerne,** geröstet

1. Kresse mit allen Zutaten bis und mit Cayennepfeffer pürieren.
2. Teigblätter sorgfältig auseinanderfalten, mit wenig Butter bestreichen. Teigblätter aufeinanderlegen, ins vorbereitete Blech legen. Käse darauf verteilen, Kressemasse darübergiessen. Überstehende Teigränder zusammenraffen, am Rand über die Füllung legen, mit restlicher Butter bestreichen.
3. **Backen:** ca. 30 Min. auf der untersten Rille des auf 200 Grad vorgeheizten Ofens. Herausnehmen, etwas abkühlen.
4. Aceto und Öl verrühren, würzen. Kresse beigeben, mischen, mit den Pinienkernen auf der Wähe verteilen.

**Dazu passt:** Rüeblisalat.

**Portion:** 620 kcal, F 44 g, Kh 23 g, E 31 g

# Bucatini mit Kresse und Burrata

Vor- und zubereiten: ca. 20 Min.
Hauptgericht für 4 Personen

| | |
|---|---|
| **50 g** | **Kresse** |
| **1** | **Knoblauchzehe,** gepresst |
| **3 EL** | **Pinienkerne,** geröstet |
| **¼ TL** | **Salz** |
| **wenig** | **Pfeffer** |
| **¾ dl** | **Olivenöl** |
| **350 g** | **Teigwaren** (z. B. Bucatini) |
| | **Salzwasser,** siedend |
| **1** | **Bio-Zitrone,** ½ abgeriebene Schale und 1 EL Saft |
| **50 g** | **Kresse** |
| **2** | **Burrata** oder Büffelmozzarella |
| **wenig** | **Fleur de Sel** |
| **wenig** | **Pfeffer** |

1. Kresse mit allen Zutaten bis und mit Pfeffer pürieren. Öl nach und nach darunterrühren.
2. Teigwaren im Salzwasser al dente kochen, abtropfen, zurück in die Pfanne geben. Zitronenschale und -saft mit dem Pesto beigeben, mischen, auf Tellern anrichten.
3. Kresse darüberstreuen. Käse halbieren, auf die Teigwaren legen, würzen.

**Dazu passt:** Blattsalat.

**Portion:** 734 kcal, F 41 g, Kh 64 g, E 24 g

# Navet-Carpaccio mit Saibling

Vor- und zubereiten: ca. 35 Min.
Ziehen lassen: ca. 30 Min.
Vorspeise für 4 Personen

---

**1½ dl Aceto balsamico bianco**
**1 dl Wasser**
**3 EL Akazienhonig**
**2 Sternanis**
**1 TL Salz**
**600 g Navets** (Mairüben), in ca. 2 mm dicke Scheiben gehobelt

---

**1 EL Olivenöl**
**4 Saiblingfilets ohne Haut** (je ca. 80 g)
**½ TL Fleur de Sel**
**wenig Pfeffer**
**4 EL ungesalzene geschälte Pistazien,** grob gehackt

---

1. Aceto mit allen Zutaten bis und mit Salz in einer weiten Pfanne aufkochen. Pfanne von der Platte nehmen, Navets beigeben, mischen. Zugedeckt ca. 30 Min. ziehen lassen, dabei einmal mischen.

2. Öl in einer beschichteten Bratpfanne heiss werden lassen. Fischfilets beidseitig je ca. 2 Min. braten, würzen, mit dem Carpaccio anrichten. Wenig Sud darüberträufeln, Pistazien darüberstreuen.

**Tipp:** Crème fraîche dazu servieren.

**Portion:** 302 kcal, F 9 g, Kh 29 g, E 21 g

# Radiesli & Co.

**Radiesli & Co. aufbewahren**

Radiesli, Eiszäpfchen und Co. samt den Blättern leicht befeuchten, in einem Plastikbeutel im Kühlschrank aufbewahren.

**Tipps**

Radiesliblätter gut waschen und fein geschnitten über Salate streuen. Übrigens: Je trockener der Boden ist, umso schärfer sind die Radiesli.

**Gesunde Scharfmacher**

Roh, knackig und scharf – so lieben wir Radiesli. Und so scharf, wie die kleinen roten Knollen schmecken, gehen sie auch gegen Bakterien vor. Die Senföle, denen Radiesli & Co. ihre Schärfe verdanken, wirken schon im Mund und später im Magen-Darm-Trakt antibakteriell und fördern die Verdauung. Zudem liefern Radiesli weitere wichtige Inhaltsstoffe wie Selen für die Immunkraft, Eisen gegen Frühjahrsmüdigkeit und Vitamin C gegen Erkältungen.

"Uva y queso, saben beso"

# Radiesli-Glücksrollen

Vor- und zubereiten: ca. 45 Min.
Ergibt 8 Stück
Vorspeise für 4 Personen

**8 Reisblätter** (je ca. 22 cm Ø)
**1 Bund Radiesli,** in Scheibchen
**1 Avocado,** in Scheiben
**2 Bundzwiebeln mit dem Grün,** Zwiebeln in Schnitzchen, Grün längs in feinen Streifen
**240 g gekochte Bio-Crevetten** (z. B. Jumbo)
**16 Thai-Basilikumblätter**

**2 EL Limettensaft**
**2 EL geröstetes Sesamöl**
**1 EL Fischsauce**
**1 EL flüssiger Honig**
**3 EL gesalzene Erdnüsse,** fein gehackt
**1 roter Chili,** entkernt, in feinen Ringen

1. Ein Reisblatt ca. 30 Sek. in warmes Wasser tauchen, auf ein feuchtes Tuch legen. ⅛ des Gemüses, der Crevetten und der Basilikumblätter darauf verteilen. Seitliche Ränder einschlagen, von unten her aufrollen, auf eine Platte legen. Mit den restlichen Reisblättern und Zutaten gleich verfahren.
2. Limettensaft und alle restlichen Zutaten verrühren, zu den Glücksrollen servieren.

**Portion:** 313 kcal, F 17 g, Kh 21 g, E 17 g

**Clever gerollt**
Glücksrollen werden besonders hübsch, wenn dekorative Zutaten durch die transparenten Reisblätter hindurchschimmern. Der Trick: Einige Radieslischeiben oder Kräuter auf das obere Drittel des Reisblatts legen, von unten her aufrollen.

# Spaghetti mit Ofen-Radiesli

Vor- und zubereiten: ca. 20 Min.
Backen: ca. 20 Min.
Hauptgericht für 4 Personen

| | |
|---|---|
| **4 Bund** | **Radiesli mit dem Grün,** Radiesli halbiert, Grün fein geschnitten, beiseite gestellt |
| **1** | **Knoblauchzehe,** in Scheibchen |
| **3 EL** | **Kürbiskerne** |
| **1 EL** | **Olivenöl** |
| **½ TL** | **Salz** |
| **wenig** | **Pfeffer** |

| | |
|---|---|
| **350 g** | **Spaghetti** |
| | **Salzwasser,** siedend |
| **150 g** | **Frischkäse mit Pfeffer** (z. B. Boursin) |

1. Radiesli und alle Zutaten bis und mit Pfeffer in einer Schüssel mischen, auf einem mit Backpapier belegten Blech verteilen.
2. **Backen:** ca. 20 Min. in der Mitte des auf 200 Grad vorgeheizten Ofens.
3. Spaghetti im Salzwasser al dente kochen. 1½ dl Kochwasser beiseite stellen, Teigwaren abtropfen. Frischkäse mit dem beiseite gestellten Kochwasser in dieselbe Pfanne geben, gut verrühren, aufkochen. Spaghetti mit den Radiesli wieder beigeben, mischen, nur noch heiss werden lassen. Beiseite gestelltes Radiesligrün darüberstreuen.

**Portion:** 575 kcal, F 24 g, Kh 66 g, E 19 g

# Salat mit Eiszäpfchen und Radiesli

Vor- und zubereiten: ca. 20 Min.
Vorspeise für 4 Personen

**4 EL Aceto balsamico bianco**
**4 EL Olivenöl**
**2 EL Wasser**
**¼ TL Zimt,** nach Belieben
**Salz, Pfeffer,** nach Bedarf

**1 EL Olivenöl**
**1 Dose Kichererbsen** (ca. 420 g), abgespült, abgetropft
**2 Bund Eiszäpfchen,** längs in Scheibchen
**1 Bund Radiesli,** in Scheibchen oder Schnitzchen
**250 g Blattsalat** (z. B. Salanova), zerzupft
**200 g Feta,** zerbröckelt

1. Aceto, Öl und Wasser verrühren, würzen.
2. Öl in einer beschichteten Bratpfanne heiss werden lassen. Kichererbsen ca. 3 Min. rührbraten, in die Sauce geben. Eiszäpfchen, Radiesli und Salat beigeben, mischen. Feta darüberstreuen.

**Portion:** 389 kcal, F 27 g, Kh 17 g, E 16 g

# Hacktätschli mit pikantem Kompott

Vor- und zubereiten: ca. 40 Min.
Hauptgericht für 4 Personen

---

**600 g Hackfleisch** (Rind)
**100 g Weissbrot** vom Vortag, in wenig Milch eingeweicht, gut ausgedrückt, fein gehackt
**1 Bund Radiesli mit dem Grün,** Grün fein geschnitten, Radiesli in Schnitzchen, beiseite gestellt
**1 EL Senf**
**¼ TL Zimt**
**1¼ TL Salz**
**wenig Pfeffer**

---

**Öl** zum Braten

---

**1 Zimtstange**
**500 g Rhabarber,** in ca. 2 cm breiten Stücken
**1 dl Portwein**
**1½ EL Zucker**
**¾ TL Salz**
**wenig Pfeffer**

---

**1.** Fleisch und alle Zutaten bis und mit Pfeffer in einer Schüssel mischen, gut kneten, bis sich die Zutaten zu einer kompakten Masse verbinden, die nicht mehr an den Händen klebt. Masse mit nassen Händen in 12 Portionen teilen, zu Tätschli formen.

**2.** Wenig Öl in einer Bratpfanne heiss werden lassen. Tätschli portionenweise bei mittlerer Hitze beidseitig je ca. 4 Min. braten, herausnehmen, warm stellen. Bratfett auftupfen, wenig Öl beigeben.

**3.** Beiseite gestellte Radiesli mit der Zimtstange ca. 3 Min. andämpfen. Rhabarber kurz mitdämpfen, Wein und Zucker beigeben, zugedeckt ca. 4 Min. köcheln, würzen. Zimtstange entfernen.

**Dazu passt:** Couscous.

**Portion:** 418 kcal, F 18 g, Kh 21 g, E 34 g

# Rhabarber-Flammkuchen

Vor- und zubereiten: ca. 25 Min.
Backen: ca. 15 Min. pro Blech
Hauptgericht für 4 Personen

**2 ausgewallte Flammkuchenteige** (je ca. 25×42 cm)
**200 g Doppelrahm-Frischkäse** (z. B. Philadelphia)
**180 g Bratspeck in Tranchen**

**600 g Rhabarber,** in Stücken
**1½ EL Puderzucker**
**3 Zwiebeln,** in feinen Streifen
**½ TL Salz**
**wenig Pfeffer**

**90 g Rucola**
**1 EL Olivenöl**

1. Teige entrollen, mit dem Backpapier auf zwei Bleche ziehen, mit dem Frischkäse bestreichen, Speck darauflegen.
2. Rhabarber und Puderzucker mischen, mit den Zwiebeln auf den Teigen verteilen, würzen.
3. **Backen:** ca. 15 Min. auf der untersten Rille des auf 240 Grad vorgeheizten Ofens. Herausnehmen, zweiten Flammkuchen gleich backen.
4. Rucola und Öl mischen, auf den Flammkuchen verteilen.

**Dazu passt:** Salat.

**Portion:** 756 kcal, F 41 g, Kh 70 g, E 20 g

# Lammracks mit Rhabarber

Vor- und zubereiten: ca. 25 Min.
Braten im Ofen: ca. 20 Min.
Hauptgericht für 4 Personen

**1 EL Olivenöl**
**2 Lammracks** (je ca. 350 g)
**1 TL Salz**
**wenig Pfeffer**
**1 EL Melasse** oder Honig

**1 kg Rhabarber,** in ca. 3 cm grossen Stücken
**2 rote Zwiebeln,** in Schnitzen
**3 EL Melasse** oder Honig
**2 EL Olivenöl**
**1 TL Sambal Oelek**
**1 TL Salz**

**3 EL ungesalzene geschälte Pistazien,** grob gehackt

1. Öl in einer Bratpfanne heiss werden lassen. Fleisch würzen, rundum ca. 5 Min. anbraten, herausnehmen. Fleisch auf ein mit Backpapier belegtes Blech legen, mit Melasse bestreichen.
2. Rhabarber und alle Zutaten bis und mit Salz mischen, neben dem Fleisch auf dem Blech verteilen.
3. **Braten im Ofen:** ca. 20 Min. in der Mitte des auf 180 Grad vorgeheizten Ofens.
4. Fleisch tranchieren, mit dem Gemüse anrichten, Pistazien darüberstreuen.

   **Dazu passt:** Polenta.

**Portion:** 460 kcal, F 27 g, Kh 17 g, E 32 g

# Spargeln

## Rüsten

Weisse Spargeln grosszügig frisch anschneiden, ab der Spitze der ganzen Länge nach grosszügig schälen.

Grüne Spargeln ebenfalls frisch anschneiden, jedoch nur das untere Drittel schälen. Wenn es schnell gehen soll: Nur den hölzernen unteren Teil wegschneiden.

## Aufbewahren

Spargeln in ein feuchtes Tuch einschlagen, im Kühlschrank aufbewahren. Oder Spargeln 1 Tag im Voraus schälen und verpackt wie oben im Kühlschrank aufbewahren.

## Tipps

- Spargeln können in Stängelchen oder feinen Scheiben in kleineren Mengen auch roh gegessen werden, zum Beispiel in einem Salat oder mit einem Dip. Violette Spargeln enthalten nahezu keine Bitterstoffe und eignen sich daher besonders gut zum Rohverzehr.
- Spargelschalen im Dörrautomaten dörren, fein mahlen, als Pulver für Suppen, Salate oder Smoothies verwenden.
- Spargelabschnitte und Schalen für eine Gemüsebouillon verwenden (Rezept S. 292)
- **Grüne Spargeln fürs Tiefkühlen vorbereiten:** Wasser aufkochen, 1 TL Natron pro Liter Wasser beigeben, Spargeln kurz blanchieren oder je nach Verwendungszweck knapp weich kochen. Im Eiswasser auskühlen, trocken tupfen, gut verpackt tiefkühlen.

# Spargel-Risotto

Vor- und zubereiten: ca. 35 Min.
Hauptgericht für 4 Personen

**1 EL Butter**

**2 Schalotten,** fein gehackt

**500 g grüne Spargeln,** unteres Drittel geschält, in Stücken

**300 g Risottoreis** (z. B. Carnaroli)

---

**2 dl Weisswein**

**1 l Gemüsebouillon,** heiss

---

**100 g Crème fraîche**

**60 g geriebener Gruyère**

**2 EL Petersilie,** grob geschnitten

---

1. Butter in einer Pfanne warm werden lassen. Schalotten und Spargeln ca. 5 Min. andämpfen. Spargeln herausnehmen, Reis beigeben, unter Rühren dünsten, bis er glasig ist.
2. Wein dazugiessen, vollständig einkochen. Bouillon unter häufigem Rühren nach und nach dazugiessen, sodass der Reis immer knapp mit Flüssigkeit bedeckt ist, ca. 15 Min. köcheln.
3. Spargeln wieder beigeben, ca. 5 Min. fertig köcheln, bis der Reis cremig und al dente ist. Crème fraîche, Käse und Petersilie darunterrühren.

**Portion:** 470 kcal, F 18 g, Kh 65 g, E 13 g

# Spargeln an Bärlauchbutter mit Seezunge

Vor- und zubereiten: ca. 30 Min.
Hauptgericht für 4 Personen

**100 g Butter,** weich
**20 g Bärlauchblätter,** fein geschnitten
**1 Bio-Zitrone,** ½ abgeriebene Schale und 1 EL Saft
**¾ TL Salz**
**wenig Pfeffer**

**Öl** zum Braten
**8 Seezungenfilets** (je ca. 80 g), schräg halbiert
**½ TL Salz**
**wenig Pfeffer**
**1 Schalotte,** in feinen Streifen
**1 kg grüne Spargeln,** unteres Drittel geschält, Spitzen abgeschnitten, Rest schräg in ca. 5 mm dicken Scheiben
**1½ dl Weisswein**
**¾ TL Salz**
**wenig Pfeffer**

**einige Bärlauchblätter**

1. **Bärlauchbutter:** Butter mit den Schwingbesen des Handrührgeräts ca. 2 Min. rühren. Bärlauch, Zitronenschale und -saft daruntermischen, würzen.
2. Wenig Öl in einer beschichteten Bratpfanne heiss werden lassen, Hitze reduzieren. Fisch bei mittlerer Hitze portionenweise beidseitig je ca. 2 Min. braten, herausnehmen, würzen, warm stellen. Bratfett auftupfen, 1 EL Bärlauchbutter beigeben, Schalotte andämpfen. Spargelspitzen und -scheiben ca. 5 Min. mitdämpfen. Wein dazugiessen, würzen.
3. Spargeln auf Teller verteilen, Fisch darauflegen, Bärlauchbutter mit den Bärlauchblättern darauf verteilen.

**Dazu passt:** Reis.

**Tipp:** Bärlauchbutter in Klarsichtfolie zu einer Rolle drehen, kühl stellen, vor dem Servieren in Scheiben schneiden.

**Portion:** 422 kcal, F 28 g, Kh 8 g, E 33 g

# Spargel-Pop-Overs

Vor- und zubereiten: ca. 30 Min.
Backen: ca. 35 Min.
Für ein Muffinsblech mit
12 Vertiefungen von je ca. 7 cm Ø
Hauptgericht für 4 Personen

---

**200 g Mehl**
**1 TL Salz**
**1 Bund glattblättrige Petersilie**
**3 dl Milch**
**3 Eier**
**40 g Butter,** flüssig
**1 kg grüne Spargeln,** unteres Drittel geschält, 12 Spitzen in ca. 7 cm langen Stücken, Rest in Scheibchen

---

**40 g Bratbutter**

---

**½ EL milder Senf**
**1 EL Weissweinessig**
**1 EL Rapsöl**
**2 EL Dill,** fein geschnitten
**½ TL Salz**
**wenig Pfeffer**
**2 Bund Radiesli,** in Scheibchen
**200 g Hüttenkäse nature,** evtl. abgespült, abgetropft

---

1. Ofen auf 220 Grad vorheizen. Muffinsblech in den Backofen schieben.
2. Mehl und Salz in einer Schüssel mischen. Petersilie mit der Milch pürieren, dazugiessen, mit dem Schwingbesen glatt rühren. Eier und Butter darunterrühren. Die Hälfte der Spargelscheibchen daruntermischen.
3. Bratbutter in die Vertiefungen des heissen Blechs verteilen. Teig sofort dazugiessen, je eine Spargelspitze in den Teig stecken.
4. **Backen:** ca. 10 Min. in der unteren Hälfte des vorgeheizten Ofens. Hitze auf 180 Grad reduzieren, ca. 25 Min. fertig backen.
5. Senf und alle Zutaten bis und mit Pfeffer verrühren. Radiesli und Hüttenkäse mit restlichen Spargeln beigeben, mischen, zu den Pop-Overs servieren.

**Portion:** 601 kcal, F 31 g, Kh 49 g, E 25 g

# Spargel-Crostini

Vor- und zubereiten: ca. 20 Min.
Backen: ca. 5 Min.
Ergibt ca. 16 Stück
Apéro für 8 Personen

---

1 **Baguette** (ca. 350 g), in ca. 16 Scheiben

---

250 g **Ricotta**

1 **Bio-Zitrone,** wenig abgeriebene Schale, 2 EL Saft, beiseite gestellt

1 **roter Chili,** entkernt, fein gehackt

¼ TL **Salz**

---

500 g **grüne Spargeln,** unteres Drittel geschält, in feinen Scheiben

1 EL **Rapsöl**

3 EL **getrocknete Cranberrys,** grob gehackt

¼ TL **Fleur de Sel**

---

1. Brotscheiben auf ein Backblech legen.
2. **Backen:** ca. 5 Min. in der Mitte des auf 220 Grad vorgeheizten Ofens. Herausnehmen.
3. Ricotta, Zitronenschale, Chili und Salz verrühren, auf den Brotscheiben verteilen.
4. Spargeln, Öl und Cranberrys mit dem beiseite gestellten Zitronensaft mischen, darauf verteilen, salzen.

**Stück:** 210 kcal, F 6 g, Kh 30 g, E 7 g

# Spargeln an Lachssauce

Vor- und zubereiten: ca. 35 Min.
Hauptgericht für 4 Personen

**4 l Wasser**
**3 EL Salz**
**2 EL Zucker**
**2 EL Butter**
**2 kg grüne Spargeln,** unteres Drittel geschält

**2½ dl Milch**
**200 g Crème fraîche**
**2 frische Eier**
**1 TL Maizena**
**½ TL Salz**
**wenig Pfeffer**
**120 g geräuchertes Lachsrückenfilet,** in Würfeli
**½ Bund Estragon,** fein geschnitten

1. Wasser in einer weiten Pfanne aufkochen. Salz, Zucker, Butter und Spargeln beigeben, aufkochen. Pfanne von der Platte nehmen, zugedeckt ca. 15 Min. ziehen lassen. Spargeln herausnehmen, abtropfen.
2. Milch und alle Zutaten bis und mit Pfeffer mit dem Schwingbesen verrühren, unter ständigem Rühren bei mittlerer Hitze zum Kochen bringen. Sobald die Masse bindet, die Pfanne sofort von der Platte nehmen, ca. 2 Min. weiterrühren. Lachs und Estragon darunterrühren, zu den Spargeln servieren.

**Tipps**

- Statt grüne weisse Spargeln, geschält, verwenden.
- Statt Estragon Dill verwenden.

**Dazu passt:** Trockenreis.

**Portion:** 425 kcal, F 26 g, Kh 19 g, E 22 g

# Spargelsalat deluxe

Vor- und zubereiten: ca. 1 Std.
Hauptgericht für 4 Personen

| | |
|---|---|
| **800 g** | **Fave-Bohnen,** ausgelöst (ergibt ca. 200 g) |
| | **Salzwasser,** siedend |
| **750 g** | **weisse Spargelspitzen,** evtl. geschält |
| | **Salzwasser,** siedend |
| **3 EL** | **Weissweinessig** |
| **4 EL** | **Rapsöl** |
| | **Salz, Pfeffer,** nach Bedarf |
| **500 g** | **Erdbeeren,** in Schnitzen |
| **4 EL** | **gesalzene Erdnüsse,** grob gehackt |
| **1 Bund** | **Kerbel,** zerzupft |

1. Bohnen im Salzwasser ca. 5 Min. weich kochen, abgiessen, kalt abspülen, abtropfen, Häutchen entfernen.
2. Spargelspitzen im Salzwasser ca. 4 Min. knapp weich kochen, abtropfen.
3. Essig und Öl verrühren, würzen. Erdbeeren mit den Spargeln und den Bohnen beigeben, mischen, auf Tellern anrichten. Erdnüsse und Kerbel darüberstreuen.

**Tipps**

- Statt Spargelspitzen 1 kg weisse Spargeln, geschält, in ca. 4 cm langen Stücken, verwenden.
- Statt Fave-Bohnen 200 g tiefgekühlte Erbsli verwenden.

**Dazu passt:** Baguette.

**Portion:** 290 kcal, F 17 g, Kh 21 g, E 10 g

# Spargeln an Rührei-Vinaigrette

Vor- und zubereiten: ca. 35 Min.
Hauptgericht für 4 Personen

**2 l Wasser**
**1½ EL Salz**
**1 EL Zucker**
**1 EL Butter**
**1 kg grüne Spargeln,** unteres Drittel geschält
**1 kg weisse Spargeln,** geschält

---

**100 g Toastbrot,** in Würfeli
**1 EL Olivenöl**
**4 Eier**
**1 dl Milch**
**½ TL Salz**
**wenig Pfeffer**

---

**4 EL Aceto balsamico bianco**
**4 EL Olivenöl**
**2 Bundzwiebeln mit dem Grün,** in feinen Ringen
**¼ TL Salz**

1. Wasser in einer weiten Pfanne aufkochen. Salz, Zucker, Butter und Spargeln beigeben, aufkochen. Pfanne von der Platte nehmen, zugedeckt ca. 15 Min. ziehen lassen. Spargeln herausnehmen, abtropfen.
2. Toastbrot in einer Bratpfanne goldbraun rösten, herausnehmen. Öl in derselben Pfanne warm werden lassen. Eier, Milch, Salz und Pfeffer verrühren, in die Pfanne giessen, etwas stocken lassen, hin und her schieben, bis die Eimasse leicht fest, aber noch feucht ist.
3. Aceto und Öl verrühren, Rührei und Bundzwiebeln beigeben, salzen, mit den Spargeln anrichten, Brotwürfeli darüberstreuen.

   **Dazu passen:** Bratkartoffeln.

**Portion:** 437 kcal, F 23 g, Kh 30 g, E 18 g

Kopfsalat
Stück 2.– €

# Sommer

# Auberginen

## Aufbewahren

Auberginen mögen keine Kälte, daher nicht im Kühlschrank aufbewahren. Nach dem Einkauf schnell verwenden, sie verlieren ihre Frische rasch. Auberginen eignen sich nicht zum Tiefkühlen.

## Rüsten

Angeschnittene Auberginen verfärben sich schnell bräunlich, daher Schnittflächen mit Zitronensaft bestreichen und zügig verarbeiten. Auberginen müssen nicht mehr mit Salz mariniert werden, da neuere Züchtungen kaum mehr Bitterstoffe enthalten.

## Tipps

- Auberginen haben den Ruf, dass sie viel Öl zum Braten benötigen. Hier ein Tipp, wie es auch mit wenig Öl geht: 1 EL Öl in einer beschichteten Bratpfanne erhitzen, Auberginenscheiben langsam bei mittlerer Hitze braten.
- Auch beim Grillieren brauchen Auberginen Geduld, sie schmecken gut gebraten und weich einfach besser.

# Parmigiana

Vor- und zubereiten: ca. 35 Min.
Backen: ca. 40 Min.
Für eine ofenfeste Form
von ca. 2 Litern, gefettet
Hauptgericht für 4 Personen

---

**4 Auberginen** (ca. 1 kg), längs in ca. 5 mm dicken Scheiben
**½ dl Olivenöl**

---

**½ EL Olivenöl**
**2 Knoblauchzehen,** gepresst
**1 Dose gehackte Tomaten** (ca. 800 g)
**½ TL Salz**
**wenig Pfeffer**

---

**150 g Mozzarella,** zerzupft
**100 g geriebener Parmesan**

---

**einige Basilikumblätter**

---

1. Auberginen auf zwei mit Backpapier belegten Blechen verteilen, beidseitig mit dem Öl bestreichen.
2. **Backen:** ca. 20 Min. im auf 220 Grad vorgeheizten Ofen (Heissluft). Herausnehmen, Hitze auf 200 Grad reduzieren.
3. Öl in einer Pfanne warm werden lassen. Knoblauch andämpfen. Tomaten, Salz und Pfeffer beigeben, aufkochen, unter gelegentlichem Rühren bei kleiner Hitze ca. 20 Min. köcheln.
4. 3 EL Tomatensauce und die Hälfte der Auberginen in der vorbereiteten Form verteilen. Je die Hälfte von der Tomatensauce, des Mozzarellas und des Parmesans darauf verteilen. Restliche Auberginen, Tomatensauce, Mozzarella und restlichen Parmesan darauf verteilen.
5. **Fertig backen:** ca. 20 Min. Herausnehmen, ca. 5 Min. ruhen lassen. Basilikum darüberstreuen.

**Portion:** 486 kcal, F 38 g, Kh 15 g, E 21 g

# Auberginen-Teigwaren-Salat

Vor- und zubereiten: ca. 35 Min.
Backen: ca. 25 Min.
Hauptgericht für 4 Personen

---

**800 g Auberginen,** in ca. 2 cm grossen Würfeln
**2 EL Olivenöl**
**1 roter Peperoncino,** entkernt, in Ringen
**¼ TL Zimt**
**¾ TL Salz**

---

**250 g Teigwaren** (z. B. Risoni)
**Salzwasser,** siedend

---

**3 EL Zitronensaft**
**2 EL Olivenöl**
**Salz,** nach Bedarf
**250 g Datteltomaten,** halbiert
**60 g Mandeln,** grob gehackt, geröstet

---

**150 g griechisches Joghurt nature**
**2 EL Pfefferminze,** grob geschnitten

---

1. Auberginen und alle Zutaten bis und mit Salz in einer Schüssel mischen, auf einem mit Backpapier belegten Blech verteilen.
2. **Backen:** ca. 25 Min. in der Mitte des auf 200 Grad vorgeheizten Ofens. Herausnehmen.
3. Teigwaren im Salzwasser al dente kochen, abtropfen.
4. Zitronensaft und Öl verrühren, salzen. Tomaten mit den Teigwaren und den Auberginen beigeben, mischen, Mandeln darüberstreuen.
5. Joghurt und Pfefferminze verrühren, dazu servieren.

**Portion:** 527 kcal, F 24 g, Kh 55 g, E 16 g

# Auberginen-Bruschette

Vor- und zubereiten: ca. 35 Min.
Backen: ca. 30 Min.
Ergibt ca. 8 Stück
Hauptgericht für 4 Personen

| | |
|---|---|
| **800 g** | **Auberginen,** 1 Aubergine längs halbiert, Rest in ca. 1 cm dicken Scheiben |
| **3 EL** | **Olivenöl** |
| **¼ TL** | **Salz** |
| **wenig** | **Pfeffer** |
| **450 g** | **Bauernbrot,** in ca. 8 Scheiben |
| **2 TL** | **Zitronensaft** |
| | **Salz, Pfeffer,** nach Bedarf |
| **100 g** | **Sbrinz,** fein gehobelt |
| **125 g** | **Brombeeren** oder Himbeeren |
| **2 EL** | **glattblättrige Petersilie,** grob geschnitten |
| **wenig** | **Fleur de Sel** |

1. Auberginenhälften mit wenig Öl bestreichen. Auberginenscheiben mit restlichem Öl, Salz und Pfeffer in einer Schüssel mischen, beides auf einem mit Backpapier belegten Blech verteilen.
2. **Backen:** ca. 25 Min. im auf 200 Grad vorgeheizten Ofen (Heissluft). Brotscheiben auf ein zweites Blech legen, in den Ofen schieben.
3. **Fertig backen:** ca. 5 Min. Auberginen und Brot herausnehmen, etwas abkühlen.
4. Das Fruchtfleisch der Auberginenhälften auslösen, mit einer Gabel zerdrücken. Zitronensaft daruntermischen, würzen. Brotscheiben damit bestreichen. Auberginenscheiben darauflegen, Käse und Beeren darauf verteilen, Petersilie und Fleur de Sel darüberstreuen.

**Portion:** 521 kcal, F 19 g, Kh 58 g, E 20 g

# Auberginen mit Koteletts vom Grill

Vor- und zubereiten: ca. 20 Min.
Grillieren: ca. 10 Min.
Für eine Grill- oder Aluschale
Hauptgericht für 4 Personen

- **4 Schweinskoteletts** (je ca. 250 g)
- **2 Auberginen** (ca. 800 g), längs in Sechsteln
- **2 EL geröstetes Sesamöl**
- **1½ TL Salz**
- **wenig Pfeffer**
- **2 rote Peperoncini,** längs halbiert, evtl. entkernt

---

- **1 Limette,** nur Saft
- **2 EL geröstetes Sesamöl**
- **2 EL Sojasauce**
- **1 EL flüssiger Honig**
- **1 Bund glattblättrige Petersilie,** in feinen Streifen
- **1 Bund Koriander,** in feinen Streifen

1. Koteletts und Auberginen mit dem Öl bestreichen, würzen. Auberginen mit den Peperoncin in die Grillschale legen.
2. **Holzkohle-/Gas-/Elektrogrill:** Koteletts und Gemüse über mittelstarker Glut oder auf mittlerer Stufe (ca. 200 Grad) beidseitig je ca. 5 Min. grillieren.
3. Limettensaft, Öl, Sojasauce und Honig gut verrühren, Kräuter beigeben, dazu servieren.

**Dazu passt:** Reissalat.

**Portion:** 514 kcal, F 30 g, Kh 15 g, E 41 g

# Bohnen

**Aufbewahren**

Bohnen eignen sich gut zum Tiefkühlen, sie müssen davor aber zwingend ca. 2 Min. in siedendem Wasser blanchiert und in Eiswasser ausgekühlt werden. Bohnen gut abtropfen, gut verpacken und tiefkühlen.

**Rüsten und zubereiten**

Bei den meisten Bohnen erübrigt sich heute das Abfädeln, auch die Spitzen müssen nicht angeschnitten werden. Also lediglich den Stielansatz frisch anschneiden, das spart Zeit. Bohnen immer offen kochen, so bleibt die grüne Farbe besser erhalten. Bohnen niemals roh essen.

**Bohnensorten**

Es gibt neben den beliebten grünen Bohnen auch gelbe, rote und gesprenkelte. Auf Wochenmärkten findet man im Sommer eine grosse Auswahl, auch immer mehr alte Bohnensorten werden wieder angebaut.

# Bohnen-Fajitas

Vor- und zubereiten: ca. 35 Min.
Ergibt 8 Stück
Hauptgericht für 4 Personen

---

**400 g Bohnen** (z. B. gelbe Bohnen, Busch- und Cocobohnen), in Stücken
**Salzwasser,** siedend

---

**2 Avocados,** in Stücken
**½ rote Zwiebel,** gehackt
**1 Limette,** nur Saft
**½ TL Salz**

---

**Öl** zum Braten
**500 g Rindshuft,** in feinen Streifen
**¼ TL Kreuzkümmelpulver**
**1 TL Salz**
**wenig Pfeffer**
**½ rote Zwiebel,** in Streifen
**1 Knoblauchzehe,** gepresst

---

**8 Weizen-Tortillas**
**100 g Cherry-Tomaten,** in Vierteln
**1 Bund Koriander** oder Petersilie

---

1. Bohnen im Salzwasser ca. 6 Min. weich kochen, abgiessen, kalt abspülen, abtropfen, beiseite stellen.
2. **Guacamole:** Avocados mit einer Gabel zerdrücken, Zwiebel, Limettensaft und Salz daruntermischen.
3. Wenig Öl in einer Bratpfanne heiss werden lassen. Fleisch portionenweise ca. 2 Min. braten, herausnehmen, würzen. Evtl. wenig Öl in dieselbe Pfanne geben, Zwiebel, Knoblauch und beiseite gestellte Bohnen kurz anbraten, Fleisch wieder beigeben, mischen.
4. Tortillas nach Angabe auf der Verpackung zubereiten. Wenig Guacamole auf den Tortillas verteilen. Fleisch mit Bohnen, Tomaten und Koriander darauf verteilen. Restliche Guacamole dazu servieren.

**Portion:** 659 kcal, F 34 g, Kh 48 g, E 40 g

# Bohnen-Kartoffel-Salat

Vor- und zubereiten: ca. 35 Min.
Für 4 Gläser von je ca. 6 dl
Hauptgericht für 4 Personen

**400 g Hüttenkäse nature**
**2 Bund Dill,** zerzupft
**½ dl Gemüsebouillon**
**1 EL Meerrettich aus dem Glas**
**4 hart gekochte Eier,** in Würfeli
**Salz, Pfeffer,** nach Bedarf

**600 g Bohnen,** in ca. 1 cm langen Stücken
**Salzwasser,** siedend
**600 g fest kochende Kartoffeln,** in ca. 1½ cm grossen Würfeln

**1½ EL grobkörniger Senf**
**3 EL Weissweinessig**
**3 EL Rapsöl**
**½ dl Gemüsebouillon**
**Salz, Pfeffer,** nach Bedarf

**120 g Bratspeck in Tranchen**

1. Hüttenkäse und ⅔ des Dills mit Bouillon und Meerrettich pürieren. Eier daruntermischen, würzen, in die Gläser verteilen.
2. Bohnen im Salzwasser ca. 3 Min. kochen. Kartoffeln beigeben, ca. 7 Min. weich kochen, abtropfen, etwas abkühlen.
3. Senf, Essig, Öl und Bouillon verrühren. Bohnen und Kartoffeln beigeben, mischen, würzen, in die Gläser verteilen.
4. Speck in einer Bratpfanne ohne Fett langsam knusprig braten. Speck in Stücke brechen, mit dem restlichen Dill auf dem Salat verteilen.

**Portion:** 547 kcal, F 31 g, Kh 29 g, E 30 g

Peter

# Fave-Bohnen-Crostini

Vor- und zubereiten: ca. 25 Min.
Backen: ca. 4 Min.
Ergibt ca. 12 Stück
Vorspeise für 4 Personen

---

**800 g Fave-Bohnen,** ausgelöst (ergibt ca. 350 g)
**Salzwasser,** siedend

---

**1 Bund Pfefferminze,** fein geschnitten
**1 Knoblauchzehe,** gepresst
**20 g Parmesan,** fein gerieben
**2 EL Pinienkerne,** geröstet, grob gehackt
**3 EL Olivenöl**
**¼ TL Salz**
**wenig Pfeffer**

---

**150 g Baguette,** in ca. 12 Scheiben
**2 EL Olivenöl**

---

1. Bohnen im Salzwasser ca. 3 Min. knapp weich kochen, abgiessen, kalt abspülen, abtropfen, Häutchen entfernen.
2. Die Hälfte der Bohnen mit einer Gabel zerdrücken, die restlichen Bohnen beigeben. Pfefferminze und alle Zutaten bis und mit Pfeffer daruntermischen.
3. Baguettescheiben auf ein mit Backpapier belegtes Blech legen, mit Öl beträufeln.
4. **Backen:** ca. 4 Min. in der oberen Hälfte des auf 240 Grad vorgeheizten Ofens. Herausnehmen, Bohnenmasse auf die Brotscheiben verteilen.

**Portion:** 362 kcal, F 19 g, Kh 32 g, E 13 g

# Bohnensalat aus dem Ofen

Vor- und zubereiten: ca. 30 Min.
Backen: ca. 35 Min.
Hauptgericht für 4 Personen

**800 g Bohnen** (z. B. gelbe Bohnen, Busch- und Cocobohnen), je nach Grösse halbiert, Cocobohnen, schräg in ca. 5 cm langen Stücken
**3 EL Wasser**
**2 EL Olivenöl**
**¾ TL Salz**
**wenig Pfeffer**

**120 g Chorizo in Tranchen**

**3 EL Aceto balsamico bianco**
**3 EL Olivenöl**
**Salz, Pfeffer,** nach Bedarf
**1 Bund Zitronenmelisse,** fein geschnitten
**1 Granatapfel**, Kerne ausgelöst

1. Bohnen und alle Zutaten bis und mit Pfeffer mischen, auf einem mit Backpapier belegten Blech verteilen.
2. **Backen:** ca. 30 Min. in der Mitte des auf 180 Grad vorgeheizten Ofens. Herausnehmen. Chorizo darauf verteilen, ca. 5 Min. fertig backen.
3. Aceto und Öl verrühren, würzen. Zitronenmelisse mit den Bohnen beigeben, mischen, Granatapfelkerne darüberstreuen.

**Tipp:** Statt Granatapfelkerne 125 g Heidelbeeren verwenden.

**Dazu passt:** Ruchbrot.

**Portion:** 354 kcal, F 24 g, Kh 17 g, E 12 g

# Pikante Erbsli-Kokos-Suppe

Vor- und zubereiten: ca. 30 Min.
Backen: ca. 20 Min.
Hauptgericht für 4 Personen

**250 g Blätterteig**
**1 Ei,** verklopft

**1 EL Olivenöl**
**2 Schalotten,** fein gehackt
**600 g tiefgekühlte Erbsli**
**1–2 EL grüne Currypaste** (Naturaplan)
**8 dl Gemüsebouillon**
**2 dl Kokosmilch**
**Salz, Pfeffer,** nach Bedarf

1. Teig längs in ca. 5 mm dicke Scheiben schneiden, auf ein mit Backpapier belegtes Blech legen. Mit wenig Ei bestreichen.
2. **Backen:** ca. 20 Min. in der unteren Hälfte des auf 200 Grad vorgeheizten Ofens. Herausnehmen, auf einem Gitter etwas abkühlen.
3. Öl in einer Pfanne warm werden lassen. Schalotten andämpfen. Erbsli und Currypaste kurz mitdämpfen. Bouillon und Kokosmilch dazugiessen, aufkochen, Hitze reduzieren, ca. 15 Min. köcheln. Die Hälfte der Erbsli herausnehmen, Suppe pürieren, würzen. Erbsli wieder beigeben.

**Portion:** 552 kcal, F 29 g, Kh 49 g, E 15 g

# Erbsli-Omeletten-Torte

Vor- und zubereiten: ca. 45 Min.
Quellen lassen: ca. 30 Min.
Kühl stellen: ca. 1 Std.
Hauptgericht für 4 Personen

| | |
|---|---|
| **100 g** | **Mehl** |
| **¼ TL** | **Salz** |
| **1¾ dl** | **Milchwasser** (½ Milch / ½ Wasser) |
| **2** | **frische Eier** |
| **400 g** | **tiefgekühlte Erbsli,** aufgetaut |
| **2 TL** | **Öl** |
| | **Öl** zum Backen |
| **250 g** | **Bio-Frischkäse nature** |
| **1** | **Bio-Zitrone,** nur ½ abgeriebene Schale |
| **300 g** | **Pastrami in Tranchen,** in ca. 2 cm breiten Streifen |
| **einige** | **Basilikumblätter** |

**1.** Mehl und Salz in einer Schüssel mischen, in der Mitte eine Mulde eindrücken. Milchwasser und Eier verrühren, nach und nach unter Rühren mit dem Schwingbesen in die Mulde giessen, weiterrühren, bis der Teig glatt ist, Erbsli und Öl darunterrühren. Zugedeckt bei Raumtemperatur ca. 30 Min. quellen lassen.

**2.** Wenig Öl in einer kleinen beschichteten Bratpfanne (ca. 20 cm Ø) heiss werden lassen. ⅙ des Teigs in die Pfanne geben, Hitze reduzieren. Ist die Unterseite gebacken und löst sie sich von selbst, Omelette wenden, fertig backen, herausnehmen, auf einem Gitter auskühlen. Mit dem restlichen Teig 5 weitere Omeletten backen.

**3.** Frischkäse und Zitronenschale verrühren. Eine Omelette auf eine Platte legen, je ⅕ Frischkäse, Pastrami und Basilikum darauf verteilen. 1 Omelette darauflegen, Vorgang wiederholen, mit einer Omelette abschliessen. Zugedeckt ca. 1 Std. kühl stellen.

**Tipp:** Statt Pastrami Roastbeef oder geräucherten Lachs verwenden.

**Dazu passt:** Saisonsalat.

**Portion:** 511 kcal, F 25 g, Kh 33 g, E 33 g

# Trofie an Erbslisauce

Vor- und zubereiten: ca. 40 Min.
Hauptgericht für 4 Personen

| | |
|---|---|
| 350 g | **Teigwaren** (z. B. Trofie) |
| | **Salzwasser,** siedend |
| 1 EL | **Butter** |
| 1 | **Schalotte,** fein gehackt |
| 1 | **roter Peperoncino,** entkernt, fein gehackt |
| 1,2 kg | **Erbsli,** ausgelöst (ergibt ca. 500 g) |
| 2 cm | **Ingwer,** fein gerieben |
| 250 g | **Mascarpone** |
| | **Salz, Pfeffer,** nach Bedarf |

1. Teigwaren im Salzwasser knapp al dente kochen, ca. 1½ dl Kochwasser beiseite stellen. Teigwaren abtropfen.
2. Butter in derselben Pfanne warm werden lassen. Schalotte und Peperoncino andämpfen, Erbsli und Ingwer kurz mitdämpfen. Beiseite gestelltes Kochwasser dazugiessen, ca. 5 Min. köcheln. ⅔ der Erbsli mit einer Schaumkelle herausnehmen, abtropfen, beiseite stellen.
3. Mascarpone in die Pfanne geben, pürieren, würzen. Teigwaren und beiseite gestellte Erbsli wieder beigeben, nur noch heiss werden lassen.

**Portion:** 744 kcal, F 34 g, Kh 79 g, E 23 g

# Erbsli-Avocado-Hummus

vegan

Vor- und zubereiten: ca. 30 Min.
Apéro für 6 Personen

- **800 g Erbsli,** ausgelöst (ergibt ca. 300 g)
- **Salzwasser,** siedend
- **1 Avocado,** in Stücken
- **1 Dose Kichererbsen** (ca. 400 g) abgespült, abgetropft
- **2 EL Olivenöl**
- **2 EL Wasser**
- **1 Limette,** nur Saft
- **1 EL Dukkah** (siehe Hinweis)
- **½ TL Salz**

Erbsli im Salzwasser ca. 6 Min. weich kochen, abtropfen, mit den restlichen Zutaten pürieren.

**Hinweis:** Dukkah ist eine afrikanisch-orientalische Nuss-Gewürz-Mischung ägyptischer Herkunft. Erhältlich in grösseren Coop Supermärkten. Ersatz: ½ EL Curry.

**Passt zu:** Schüttel-, Fladen- oder Knäckebrot.

**Portion:** 268 kcal, F 14 g, Kh 21 g, E 10 g

# Fenchel im Schlafrock

vegan

Vor- und zubereiten: ca. 20 Min.
Backen: ca. 25 Min.
Apéro für 8 Personen

1 **ausgewallter Blätterteig** (Betty Bossi, ca. 25×42 cm)
1 EL **Fenchelsamen**
1 EL **Mohn**
3 EL **milder Senf** (Thomy)
¼ TL **Salz**

2 **Fenchel** (je ca. 250 g), in Sechsteln
1 EL **Olivenöl**

1. Teig entrollen, Fenchelsamen und Mohn darüberstreuen, mit dem Wallholz leicht darüberwallen. Teig wenden, Backpapier lösen, Teig mit Senf bestreichen, salzen, mit dem Teigrädchen längs in ca. 2 cm breite Streifen schneiden.
2. Fenchel mit den Teigstreifen umwickeln, auf ein mit Backpapier belegtes Blech legen. Fenchelstiele mit Öl bestreichen.
3. **Backen:** ca. 25 Min. in der unteren Hälfte des auf 200 Grad vorgeheizten Ofens.

**Portion:** 390 kcal, F 23 g, Kh 36 g, E 7 g

# Fenchel-Piadine mit Rindfleisch

Vor- und zubereiten: ca. 25 Min.
Hauptgericht für 4 Personen

**Öl** zum Braten
**400 g Rindsplätzli** (z. B. Huft), längs in Streifen
**½ TL Salz**
**wenig Pfeffer**

**2 Maiskolben,** Körner vom Kolben geschnitten
**1 Zwiebel,** in feinen Streifen
**500 g Fenchel,** fein gehobelt
**1 EL Zitronensaft**
**¼ TL Fleur de Sel**
**150 g griechisches Joghurt nature**
**4 Piadine** (ca. 320 g)

1. Öl in einer Bratpfanne heiss werden lassen. Fleisch portionenweise beidseitig je ca. 1 Min. braten, herausnehmen, würzen. Hitze reduzieren, Bratfett auftupfen, wenig Öl beigeben.
2. Maiskörner und Zwiebel ca. 5 Min. dämpfen. Fenchel, Zitronensaft und Fleur de Sel mischen, mit Fleisch, Mais und Joghurt auf die Piadine verteilen, einmal falten oder aufrollen.

**Portion:** 541 kcal, F 18 g, Kh 57 g, E 34 g

# Gemüsezwiebelsalat



Vor- und zubereiten: ca. 30 Min.
Backen: ca. 25 Min.
Vorspeise für 4 Personen

| | |
|---|---|
| **1** | **Gemüsezwiebel** (ca. 600 g), in ca. 1½ cm dicken Schnitzen |
| **1 EL** | **Olivenöl** |
| **1 EL** | **Zucker** |
| **¼ TL** | **Zimt** |
| **¾ TL** | **Salz** |
| **wenig** | **Pfeffer** |
| **180 g** | **Jungsalat** |
| **3 EL** | **Weissweinessig** |
| **3 EL** | **Olivenöl** |
| | **Salz, Pfeffer,** nach Bedarf |
| **250 g** | **Himbeeren** |
| **80 g** | **Pekan-Nüsse,** geröstet |

1. Zwiebel und alle Zutaten bis und mit Pfeffer mischen, auf einem mit Backpapier belegten Blech verteilen.
2. **Backen:** ca. 25 Min. in der Mitte des auf 200 Grad vorgeheizten Ofens. Herausnehmen, mit dem Salat auf Tellern anrichten. Essig und Öl verrühren, würzen, über den Salat träufeln. Himbeeren und Nüsse darüberstreuen.

**Portion:** 355 kcal, F 27 g, Kh 17 g, E 6 g

# Gurkenspiralensalat mit Linsen

Vor- und zubereiten: ca. 35 Min.
Hauptgericht für 4 Personen

**200 g schwarze Linsen** (Beluga)
**6 dl Wasser,** siedend

**3 EL Aceto balsamico**
**4 EL Olivenöl**
**3 EL Zitronenmelisse,** fein geschnitten
**½ TL Salz**
**wenig Pfeffer**
**1 Gurke,** mit einem Spiralschneider zu Spiralen geschnitten oder fein gehobelt
**250 g Cherry-Tomaten,** halbiert

**1 EL Olivenöl**
**12 Jakobsmuscheln** (MSC)
**40 g Cashew-Nüsse**
**½ TL Salz**
**wenig Pfeffer**

1. Linsen offen im Wasser ca. 20 Min. weich kochen, abspülen, abtropfen, etwas abkühlen.
2. Aceto und alle Zutaten bis und mit Pfeffer in einer Schüssel verrühren. Gurke und Tomaten mit den Linsen beigeben, mischen.
3. Öl in einer beschichteten Bratpfanne heiss werden lassen. Jakobsmuscheln mit den Nüssen beidseitig je ca. 1 Min. braten, würzen, mit dem Salat anrichten.

**Portion:** 411 kcal, F 20 g, Kh 34 g, E 22 g

# Scharfe Gurken-Pickles

vegan

Vor- und zubereiten: ca. 25 Min.
Für 4–5 Einmachgläser von je ca. 2½ dl
Beilage für 8 Personen

**3½ dl Reisessig**
**2½ dl Wasser**
**100 g Zucker**
**1 EL Senfkörner**
**1¾ TL Salz**
**1 kg Gurken** (z. B. Nostrano, evtl. entkernt, in Stücken, Cornichons)
**2 Knoblauchzehen,** in Scheibchen
**2 rote Peperoncini,** evtl. entkernt, in Ringen
**4 cm Ingwer,** in Scheibchen

Essig und alle Zutaten bis und mit Salz in einer weite Pfanne aufkochen. Gurken und alle restlichen Zutaten beigeben, ca. 3 Min. kochen. Gurken mit einer Schaumkelle herausnehmen, heiss in die sauberen, vorgewärmten Gläser füllen. Den Sud nochmals aufkochen, bis zum Überlaufen über die Gurken giessen, Gläser sofort verschliessen, auf einem Tuch auskühlen.

**Portion:** 83 kcal, F 0 g, Kh 18 g, E 1 g

**Tipp:** Die Gurken-Pickles passen gut zu Fondue und Raclette. Haltbarkeit: kühl und dunkel ca. 6 Monate. Einmal geöffnet, das Glas im Kühlschrank aufbewahren, Pickles rasch konsumieren.

# Gurken-Risotto

Vor- und zubereiten: ca. 40 Min.
Hauptgericht für 4 Personen

**1 Gurke** (ca. 450 g)

**1 EL Olivenöl**
**1 Zwiebel,** fein gehackt
**1 Knoblauchzehe,** gepresst
**300 g Risottoreis** (z. B. Carnaroli)

**½ dl trockener weisser Vermouth** (z. B. Noilly Prat)
**1 l Gemüsebouillon**
**1 dl Vollrahm,** steif geschlagen
**4 EL geriebener Parmesan**

**1 EL Olivenöl**
**250 g Datteltomaten**
**3 EL Pinienkerne**
**½ TL Salz**
**wenig Pfeffer**

1. Von der Gurke mit einem Kugelausstecher möglichst viele Kugeln ausstechen, beiseite stellen. Restliche Gurke grob hacken.
2. Öl in einer Pfanne warm werden lassen. Gehackte Gurke, Zwiebel und Knoblauch andämpfen, Reis beigeben, unter Rühren dünsten, bis der Reis glasig ist.
3. Vermouth dazugiessen, vollständig einkochen. Bouillon unter häufigem Rühren nach und nach dazugiessen, sodass der Reis immer knapp mit Flüssigkeit bedeckt ist. Ca. 20 Min. köcheln, bis der Reis cremig und al dente ist. Schlagrahm und Käse daruntermischen.
4. Öl in einer Bratpfanne heiss werden lassen. Tomaten und Pinienkerne mit den beiseite gestellten Gurkenkugeln ca. 2 Min. rührbraten, würzen, auf dem Risotto anrichten.

**Dazu passen:** Spiegeleier.

**Portion:** 538 kcal, F 22 g, Kh 67 g, E 14 g

# Gurkenglace

Vor- und zubereiten: ca. 15 Min.
Gefrieren: ca. 5 Std.

**3 dl Vollrahm**
**2 frische Eier**
**30 g Zucker**
**2 EL milder Senf**
**¾ TL Salz**
**1 Gurke,** entkernt, in kleinen Stücken
**2 EL Pfefferminze,** fein geschnitten

Rahm und alle Zutaten bis und mit Salz mit dem Schwingbesen gut verrühren, Gurke beigeben. Bei mittlerer Hitze unter ständigem Rühren bis vors Kochen bringen. Pfanne von der Platte nehmen, ca. 2 Min. weiterrühren. Masse pürieren, in eine Chromstahlschüssel giessen, auskühlen. Pfefferminze darunterrühren. Zugedeckt ca. 5 Std. gefrieren, Masse dabei 5-mal gut durchrühren.

**Passt zu:** gebratenem Lammfleisch, Entrecôte

**Tipp:** Glace mit der Glacemaschine zubereiten: Die ausgekühlte Gurkenmasse in die Glacemaschine giessen, gefrieren.

**Portion:** 339 kcal, F 29 g, Kh 12 g, E 6 g

# Maispoularden-Salat mit Kefen

Vor- und zubereiten: ca. 40 Min.
Hauptgericht für 4 Personen

| | |
|---|---|
| | **geröstetes Sesamöl** zum Braten |
| 4 | **Maispoularden-Brüstli** (je ca. 180 g) |
| ½ TL | **Salz** |
| 500 g | **Kefen,** in feinen Streifen |
| 1 | **Maiskolben,** Körner vom Kolben geschnitten |
| 125 g | **Heidelbeeren** |
| 2 EL | **Limettensaft** |
| 1 TL | **Salz** |
| wenig | **Pfeffer** |

1. Wenig Öl in einer weiten beschichteten Bratpfanne heiss werden lassen. Pouletbrüstli salzen, beidseitig je ca. 6 Min. braten, herausnehmen. Haut der Pouletbrüstli ablösen, Haut in feine Streifen schneiden, in wenig heissem Öl ca. 2 Min. knusprig braten. Herausnehmen, abtropfen, Bratfett auftupfen, wenig Öl beigeben.
2. Kefen und Mais ca. 6 Min. rührbraten, in eine Schüssel geben.
3. Pouletbrüstli vom Schenkel trennen. Pouletbrust mit einer Gabel zerzupfen, mit den Heidelbeeren, allen restlichen Zutaten und dem Gemüse mischen. Poulethaut darüberstreuen, Pouletschenkel dazu servieren.

**Tipp:** 2 EL Koriander, fein geschnitten, darüberstreuen.

**Dazu passt:** Brot.

**Portion:** 412 kcal, F 16 g, Kh 20 g, E 46 g

# Kefen-Snack mit Curry-Dip

Vor- und zubereiten: ca. 45 Min.
Apéro für 4 Personen

**200 g Crème fraîche**
**1 Bio-Zitrone,** wenig abgeriebene Schale und 2 TL Saft
**1 TL scharfer Curry**
**¼ TL Salz**

**125 g Mehl**
**½ TL Backpulver**
**½ TL Salz**
**1½ dl kaltes Wasser**
**½ dl Olivenöl**

**Öl** zum Frittieren
**250 g Kefen**

1. Crème fraîche und alle Zutaten bis und mit Salz verrühren.
2. Mehl, Backpulver und Salz in einer Schüssel mischen. Wasser und Öl nach und nach unter Rühren mit dem Schwingbesen dazugiessen, Teig glatt rühren, zugedeckt ca. 15 Min. quellen lassen. Ofen auf 60 Grad vorheizen, Platte vorwärmen.
3. **Frittieren:** Brattopf bis ca. ⅓ Höhe mit Öl füllen, auf ca. 180 Grad erhitzen. Kefen portionenweise im Teig wenden, mit einer Schaumkelle ins Öl geben, ca. 5 Min frittieren. Herausnehmen, auf Haushaltpapier abtropfen, warm stellen, mit dem Dip anrichten.

**Portion:** 543 kcal, F 43 g, Kh 30 g, E 7 g

# Lattich-Schiffli

Vor- und zubereiten: ca. 35 Min.
Vorspeise für 4 Personen

**100 g schwarzer Reis** (z. B. Venere), kalt abgespült, gut abgetropft
**Salzwasser,** siedend
**1 rote Peperoni,** in Würfeli

**3 EL Aceto balsamico bianco**
**3 EL Rapsöl**
**Salz, Pfeffer,** nach Bedarf
**300 g Mini-Lattiche,** 12 grössere Blätter beiseite gelegt, Rest in feinen Streifen
**1 Dose Thon in Öl** (ca. 155 g), abgetropft, zerzupft
**100 g Dessert Extrafin** (Sauermilch)
**2 EL Basilikum,** grob geschnitten

1. Reis im Salzwasser ca. 20 Min. kochen. Peperoni beigeben, ca. 5 Min. weiterkochen, bis der Reis weich ist, abtropfen, auskühlen.
2. Aceto und Öl verrühren, würzen. Lattichstreifen und Thon mit dem Reis beigeben, mischen. Beiseite gelegte Lattichblätter mit Salat füllen, Sauermilch und Basilikum darauf verteilen, restlichen Salat dazu servieren.

**Portion:** 300 kcal, F 16 g, Kh 22 g, E 14 g

# Grillierter Caesar Salad

Vor- und zubereiten: ca. 30 Min.
Grillieren: ca. 10 Min.
Hauptgericht für 4 Personen

---

**1 EL scharfer Senf**
**3 EL Weissweinessig**
**3 EL Olivenöl**
**2 EL Wasser**
**200 g Crème fraîche**
**1 TL Worcestershiresauce**
**1 Knoblauchzehe,** gepresst
**1 Dose Sardellenfilets** (ca. 25 g), kalt abgespült, abgetropft, fein gehackt
**Salz,** nach Bedarf

---

**2 Pouletbrüstli** (je ca. 160 g)
**½ TL Salz**
**8 Tranchen Bratspeck**
**6 Mini-Lattiche,** halbiert
**2 EL Olivenöl**

---

**300 g Brot** (z. B. Silserkranz), in Scheiben

---

**110 g Hobelkäserollen**

---

1. Senf und alle Zutaten bis und mit Sardellen gut verrühren, salzen, beiseite stellen.
2. Pouletbrüstli salzen, mit dem Speck umwickeln. Lattich mit dem Öl bestreichen.
3. **Holzkohle-/Gas-/Elektrogrill:** Poulet über mittelstarker Glut oder auf mittlerer Stufe (ca. 200 Grad) ca. 8 Min. grillieren, dabei 2–3-mal wenden. Brot und Lattich ca. 2 Min. mitgrillieren.
4. Lattich und Käse auf einer Platte anrichten. Pouletbrüstli aufschneiden, darauf verteilen. Sauce dazu servieren.

**Portion:** 802 kcal, F 52 g, Kh 37 g, E 42 g

# Lattichgratin mit Hackbällchen

Vor- und zubereiten: ca. 30 Min.
Backen: ca. 25 Min.
Für eine weite ofenfeste Form von ca. 3 Litern, gefettet
Hauptgericht für 4 Personen

---

**4 l Wasser**
**1 EL Natron** (siehe Hinweis)
**600 g Lattich,** längs halbiert

---

**200 g Couscous**
**3 Tomaten,** in Scheiben
**¾ TL Salz**
**2 dl Vollrahm**
**1 dl Wasser**
**¼ TL Salz**

---

**350 g Hackfleisch** (Rind und Schwein)
**100 g Kalbsbrät**
**3 EL Couscous**
**½ Bio-Zitrone,** nur abgeriebene Schale
**1 Knoblauchzehe,** gepresst
**¼ TL Kreuzkümmel**
**¾ TL Salz**
**¼ TL Cayennepfeffer**

---

1. Wasser mit Natron aufkochen. Lattich ca. 2 Min. blanchieren. Lattich herausnehmen, im Eiswasser auskühlen, gut abtropfen, Strunk entfernen.
2. Couscous und Tomatenscheiben mit dem Lattich in die vorbereitete Form geben, salzen. Rahm, Wasser und Salz verrühren, darübergiessen.
3. Fleisch und alle Zutaten bis und mit Cayennepfeffer mischen, von Hand gut kneten, bis sich die Zutaten zu einer kompakten Masse verbinden. Masse zu ca. 16 Bällchen formen, auf dem Gemüse verteilen.
4. **Backen:** ca. 25 Min. in der Mitte des auf 200 Grad vorgeheizten Ofens.

   **Hinweis:** Natron im Kochwasser schützt die grüne Farbe des Lattichs.

**Portion:** 666 kcal, F 36 g, Kh 50 g, E 31 g

# Maiskolben mit Spiessli

Vor- und zubereiten: ca. 30 Min.
Hauptgericht für 4 Personen

**4 Maiskolben** (je ca. 300 g)
**¼ TL Salz**

**2 Schweinshalssteaks,** (je ca. 250 g), in 16 ca. 2½ cm grossen Würfeln
**250 g Cherry-Tomaten** oder Stachelbeeren
**8 Holzspiesschen**
**1 EL Olivenöl**
**¾ TL Salz**
**wenig Pfeffer**

**80 g Butter**
**1 Knoblauchzehe,** gepresst
**1 Bund glattblättrige Petersilie,** fein geschnitten
**2 EL Thymian,** fein geschnitten
**¼ TL Fleur de Sel**
**wenig Pfeffer**

1. Ein Dampfkörbchen in eine weite Pfanne stellen, Wasser bis knapp unter den Körbchenboden einfüllen. Maiskolben beigeben, salzen, zugedeckt bei mittlerer Hitze ca. 20 Min. weich garen.
2. Fleisch mit den Tomaten abwechslungsweise an die Holzspiesschen stecken. Öl in einer Bratpfanne heiss werden lassen. Spiessli portionenweise beidseitig je ca. 4 Min. braten, würzen, herausnehmen, warm stellen.
3. Butter in derselben Pfanne warm werden lassen. Knoblauch, Petersilie und Thymian beigeben, würzen, Maiskolben darin wenden.

**Portion:** 545 kcal, F 39 g, Kh 22 g, E 28 g

# Polentaschnitten mit Spinat-Mais

Vor- und zubereiten: ca. 45 Min.
Hauptgericht für 4 Personen

**6 dl Gemüsebouillon**
**150 g mittelfeiner Maisgriess** (4 Min.)
**150 g rezenter Bergkäse,** grob gerieben
**½ EL Sambal Oelek**

**Öl** zum Braten

**1 Zwiebel,** in feinen Streifen
**2 Maiskolben,** Körner vom Kolben geschnitten
**2 dl Saucen-Halbrahm**
**1½ dl Wasser**
**1 EL Zitronensaft**
**150 g Jungspinat**
**¾ TL Salz**
**wenig Pfeffer**

1. Bouillon aufkochen, Maisgriess einrühren, unter Rühren bei kleiner Hitze ca. 4 Min. zu einem dicken Brei köcheln. Käse und Sambal Oelek darunterrühren. Polenta auf einem Backpapier ca. 20 × 30 cm ausstreichen, auskühlen, in Quadrate schneiden.
2. Öl in einer beschichteten Bratpfanne heiss werden lassen. Hitze reduzieren, Polentaschnitten portionenweise beidseitig je ca. 3 Min. braten, warm stellen. Bratfett auftupfen, wenig Öl beigeben.
3. Zwiebel und Mais andämpfen. Rahm, Wasser und Zitronensaft beigeben, ca. 5 Min. köcheln. Spinat beigeben, zusammenfallen lassen, würzen. Polentaschnitten mit dem Spinat-Mais anrichten.

**Portion:** 520 kcal, F 29 g, Kh 36 g, E 19 g

# Mangoldwähe

Vor- und zubereiten: ca. 45 Min.
Backen: ca. 35 Min.
Für ein Blech von ca. 30 cm Ø, Boden mit Backpapier belegt, Rand gefettet
Hauptgericht für 4 Personen

---

1 **ausgewallter Kuchenteig** (ca. 32 cm Ø)
1 EL **Paniermehl**

---

1 EL **Olivenöl**
2 **Bundzwiebeln mit dem Grün,** Zwiebel in Streifen, Grün in feinen Ringen, beiseite gestellt
800 g **Mangold,** in feinen Streifen
1 TL **Salz**
wenig **Pfeffer**
2 EL **dunkle Sultaninen**
3 dl **Milch**
2 **Eier**
2 EL **Mehl**

---

100 g **Salsiz,** in Würfeli
3 EL **Pinienkerne,** geröstet
2 EL **Olivenöl**
1 **Bio-Zitrone,** wenig abgeriebene Schale und 2 EL Saft
2 EL **Pfefferminzblätter** oder glattblättrige Petersilie

---

1. Teig entrollen, ins vorbereitete Blech legen. Boden mit einer Gabel dicht einstechen, Paniermehl darauf verteilen, kühl stellen.
2. Öl in einer Pfanne warm werden lassen. Zwiebeln andämpfen, Mangold ca. 5 Min. mitdämpfen, würzen, auskühlen. Sultaninen daruntermischen, auf dem Teigboden verteilen. Milch, Eier und Mehl gut verrühren, über den Mangold giessen.
3. **Backen:** ca. 35 Min. auf der untersten Rille des auf 220 Grad vorgeheizten Ofens. Herausnehmen.
4. Salsiz und alle Zutaten bis und mit Zitronensaft mischen, auf der Wähe verteilen, Pfefferminze und beiseite gestelltes Zwiebelgrün darüberstreuen.

**Portion:** 699 kcal, F 44 g, Kh 48 g, E 24 g

# Ofen-Patisson mit Pilzen

Vor- und zubereiten: ca. 25 Min.
Backen: ca. 25 Min.
Hauptgericht für 4 Personen

---

**2 Patissons** (je ca. 700 g), geschält, halbiert, entkernt
**1 EL Olivenöl**
**½ TL Salz**

---

**1 Dose Kichererbsen** (ca. 400 g), abgespült, abgetropft
**400 g gemischte Pilze** (z. B. Champignons und Eierschwämme), evtl. halbiert
**3 Schalotten,** in Schnitzen
**2 EL Olivenöl**
**¾ TL Salz**
**wenig Pfeffer**

---

**2 EL Thymianblättchen**
**1 EL Aceto balsamico bianco**

---

1. Patissons mit der Schnittfläche nach unten auf ein mit Backpapier belegtes Blech legen, mit Öl bestreichen, salzen.
2. Kichererbsen und alle Zutaten bis und mit Pfeffer in einer Schüssel mischen, auf einem zweiten mit Backpapier belegten Blech verteilen.
3. **Backen:** ca. 25 Min. im auf 200 Grad vorgeheizten Ofen (Heissluft). Herausnehmen, Patissons mit der Kichererbsenmischung anrichten, Thymian und Aceto darauf verteilen.

**Dazu passt:** Polenta, Risotto.

**Portion:** 251 kcal, F 11 g, Kh 25 g, E 9 g

# Peperoni

**Rüsten**

Peperoni müssen entkernt werden. So gehts am einfachsten: Peperoni wie auf dem Bild anschneiden, auf ein Brett stellen, Peperonifleisch von oben nach unten von den Kernen schneiden und rund um den Stielansatz wegschneiden.

**Tipps**

- Geschälte Peperoni sind leichter verdaulich: Peperoni längs halbieren, entkernen, mit den Schnittflächen nach unten auf ein Blech legen, mit Olivenöl bestreichen. Backen: ca. 10 Min. in der Mitte des auf 240 Grad vorgeheizten Ofens. Peperoni herausnehmen, in eine Schüssel geben, mit einem Tuch bedecken, ca. 10 Min. stehen lassen, schälen.
- Geschälte Peperoni in Streifen schneiden, mit Aceto balsamico bianco, Olivenöl, Salz und Pfeffer würzen, als Antipasto servieren.

# Gelbe Peperonisuppe mit Dorsch

Vor- und zubereiten: ca. 45 Min.
Vorspeise für 4 Personen

---

**1 EL Olivenöl**
**1 Zwiebel,** in feinen Streifen
**500 g gelbe Peperoni,** in Streifen
**1 dl Weisswein**
**5 dl Gemüsebouillon**
**Salz, Pfeffer,** nach Bedarf

---

**1 EL Olivenöl**
**400 g Dorschfilets** (MSC), in 4 Stücken
**1 EL Zitronensaft**
**½ TL Salz**
**wenig Pfeffer**
**12 Kapernäpfel,** abgetropft
**3 EL Butter**
**3 EL Basilikum,** fein geschnitten

---

1. Öl in einer Pfanne warm werden lassen. Zwiebel und Peperoni andämpfen. Wein und Bouillon dazugiessen, aufkochen. Hitze reduzieren, zugedeckt ca. 20 Min. köcheln. Suppe pürieren, würzen, zugedeckt warm stellen.
2. Öl in einer beschichteten Bratpfanne heiss werden lassen. Fisch mit Zitronensaft beträufeln, würzen, mit den Kapernäpfeln beidseitig je ca. 2 Min. braten. Hitze reduzieren, Butter und Basilikum beigeben, auf der Suppe anrichten.

**Portion:** 289 kcal, F 16 g, Kh 8 g, E 20 g

# Peperoni-Empanadas

Vor- und zubereiten: ca. 1 Std.
Backen: ca. 18 Min.
Hauptgericht für 4 Personen

**1 EL Olivenöl**

**1 kleine Zwiebel,** fein gehackt

**1 Knoblauchzehe,** gepresst

**1 rote Peperoni** (ca. 250 g), in Würfeli

**1 Jalapeño** oder grüner Peperoncino, entkernt, fein gehackt

**1 Dose Indianerbohnen** (ca. 215 g), abgespült, abgetropft, zerdrückt

**100 g Mozzarella,** in Würfeli

**¾ TL Salz**

**500 g Kuchenteig**

**wenig Mehl**

**20 entsteinte schwarze Oliven**

**1 Ei,** verklopft

1. Öl in einer beschichteten Bratpfanne heiss werden lassen. Hitze reduzieren, Zwiebel, Knoblauch, Peperoni und Jalapeño ca. 10 Min. rührbraten, in eine Schüssel geben. Bohnen, Mozzarella und Salz daruntermischen.
2. Teig auf wenig Mehl ca. 2 mm dick auswallen. Mit einem Ausstecher ca. 20 Rondellen (ca. 10 cm Ø) ausstechen. Die Peperonifüllung auf die Mitte der Teigrondellen verteilen, je eine Olive darauflegen. Teigränder mit wenig Ei bestreichen, über der Füllung zusammendrücken. Empanadas auf zwei mit Backpapier belegte Bleche legen, Teigränder mit einer Gabel gut andrücken. Empanadas mit wenig Ei bestreichen, mit einer Gabel einstechen.
3. **Backen:** ca. 18 Min. im auf 200 Grad vorgeheizten Ofen (Heissluft).

**Dazu passt:** Blattsalat.

**Portion:** 697 kcal, F 41 g, Kh 59 g, E 18 g

# Peperonifladen

Vor- und zubereiten: ca. 40 Min.
Aufgehen lassen: ca. 1½ Std.
Backen: ca. 35 Min.
Hauptgericht für 4 Personen

**300 g Mehl**
**1½ TL Salz**
**2 TL Trockenhefe**
**ca. 1¾ dl Wasser**
**1 EL Olivenöl**

**6 Cecei** (Spitz-Peperoni, ca. 450 g), längs halbiert, entkernt

**4 Schweinsbratwürste**
**1 rote Peperoni,** in Würfeli
**1 Zwiebel,** fein gehackt
**2 EL Oregano,** fein geschnitten
**12 entsteinte schwarze Oliven,** in Ringen
**2 EL geriebener Parmesan**

1. Mehl, Salz und Hefe in einer Schüssel mischen. Wasser und Öl beigeben, mischen, zu einem weichen glatten Teig kneten. Zugedeckt bei Raumtemperatur ca. 1½ Std. aufs Doppelte aufgehen lassen.
2. Teig in 4 Portionen Teilen, ovale Fladen von ca. 12 × 25 cm auswallen. Teigstücke auf zwei mit Backpapier belegte Bleche legen, Teige schräg 3-mal einschneiden. Einschnitte etwas auseinanderziehen, Cecei mit der Schnittfläche nach oben in die Einschnitte legen.
3. Bratwürste aufschneiden, Brät in eine Schüssel drücken. Peperoni, Zwiebel und Oregano daruntermischen. Masse in die Cecei füllen. Oliven und Käse darauf verteilen.
4. **Backen:** ca. 35 Min. im auf 180 Grad vorgeheizten Ofen (Heissluft).

**Dazu passt:** Blattsalat.

**Portion:** 681 kcal, F 31 g, Kh 62 g, E 33 g

# Rondini mit Brätkügeli

Vor- und zubereiten: ca. 40 Min.
Hauptgericht für 4 Personen

| | |
|---|---|
| 8 | **Rondini** (je ca. 150 g), geschält |
| | **Salzwasser,** siedend |
| | **Öl** zum Braten |
| 450 g | **Brätkügeli** |
| 1 | **Zwiebel,** fein gehackt |
| 2 | **Tomaten,** in Würfeli |
| 1½ dl | **Rotwein** |
| ½ TL | **Salz** |
| wenig | **Pfeffer** |
| 1 dl | **Vollrahm** |
| 1 Bund | **Basilikum,** fein geschnitten |

1. Ofen auf 60 Grad vorheizen, Platte und Teller vorwärmen.
2. Rondini im Salzwasser ca. 12 Min. weich kochen. Rondini herausnehmen, Deckel abschneiden, Kerne herauslösen, Rondini warm stellen.
3. Wenig Öl in einer Bratpfanne heiss werden lassen. Brätkügeli ca. 5 Min. braten, herausnehmen. Hitze reduzieren, wenig Öl beigeben.
4. Zwiebel andämpfen, Tomaten kurz mitdämpfen. Wein dazugiessen, ca. 5 Min. köcheln, würzen. Rahm und Basilikum mit den Brätkügeli beigeben, heiss werden lassen, in die Rondini füllen.

**Dazu passen:** Nudeln, Reis.

**Hinweis:** Rondini sind nicht zu verwechseln mit den runden Zucchini. Rondini sind viel kompakter und härter als die Zucchini und dürfen nicht roh gegessen werden.

**Portion:** 424 kcal, F 31 g, Kh 14 g, E 16 g

# Spaghetti mit Stangenselleriesauce

Vor- und zubereiten: ca. 25 Min.
Hauptgericht für 4 Personen

350 g **Spaghetti**
**Salzwasser,** siedend

1 EL **Olivenöl**
3 **Bundzwiebeln mit dem Grün,** in feinen Ringen
500 g **Stangensellerie,** in feinen Scheiben
1 **roter Chili,** entkernt, in Ringen
4 **Landjäger,** in feinen Scheiben
2 dl **Saucen-Halbrahm**
1 **Bio-Zitrone,** je ½ abgeriebene Schale und Saft
**Salz, Pfeffer,** nach Bedarf

**1.** Spaghetti im Salzwasser knapp al dente kochen, ca. 1 dl Kochwasser beiseite stellen, Teigwaren abtropfen.

**2.** Öl in derselben Pfanne warm werden lassen. Zwiebeln andämpfen, Stangensellerie, Chili und Landjäger kurz mitdämpfen. Saucen-Halbrahm, Zitronenschale und -saft mit dem beiseite gestellten Kochwasser beigeben, ca. 5 Min. köcheln, würzen. Spaghetti wieder beigeben, nur noch heiss werden lassen.

**Portion:** 756 kcal, F 40 g, Kh 68 g, E 28 g

# Stangensellerie-Reis-Salat

Vor- und zubereiten: ca. 35 Min.
Hauptgericht für 4 Personen

| | |
|---|---|
| **250 g** | **Wildreis-Mix** |
| | **Salzwasser,** siedend |
| **4 EL** | **Weissweinessig** |
| **4 EL** | **Rapsöl** |
| **½ TL** | **Salz** |
| **wenig** | **Pfeffer** |
| **400 g** | **Stangensellerie,** in feinen Scheiben |
| **2** | **Tomaten,** in Würfeli |
| **3 EL** | **helle Sultaninen,** nach Belieben |
| **2 EL** | **Pfefferminze,** fein geschnitten |

1. Reis im Salzwasser ca. 20 Min. weich kochen, abtropfen.
2. Essig, Öl, Salz und Pfeffer verrühren. Stangensellerie und alle restlichen Zutaten mit dem Reis beigeben, mischen.

**Dazu passt:** grillierter Halloumi (Grillkäse).

**Portion:** 382 kcal, F 13 g, Kh 57 g, E 7 g

# Tomaten

**Aufbewahren**

Tomaten mögen keine Kälte, daher Tomaten bei Raumtemperatur aufbewahren, im Kühlschrank verlieren sie ihr Aroma. Tomaten scheiden wie andere Früchte auch Äthylen aus, ein Gas, das den Reifungsprozess anderer Pflanzen fördert. Daher Tomaten separat aufbewahren.

**Rüsten**

Bei grösseren Tomaten den Stielansatz mit einem spitzen Messer herausschneiden, er kann Giftstoffe enthalten.

**Tomaten häuten**

Stielansatz mit einem spitzen Messer herausschneiden, Tomatenhaut oben kreuzweise einschneiden, mit einer Schaumkelle ca. 30 Sek. in siedendes Wasser tauchen, Tomate kurz in kaltes Wasser legen, Haut mit einem spitzen Messer abziehen.

**Tomaten-Melonen-Salat**

500 g Tomaten, in ca. 5 mm dicken Scheiben, und 1 Knoblauchzehe, in Scheibchen, auf einem mit Backpapier belegten Blech verteilen. 40 g Puderzucker, 1 TL Fleur de Sel und 1 TL schwarze Pfefferkörner, zerdrückt, darüberstreuen. Backen: ca. 1 Std. im auf 120 Grad vorgeheizten Ofen (Heissluft). Herausnehmen, auf einer Platte auskühlen. 1 Melone (z. B. Cavaillon), entkernt, in Würfeli, 1 EL Majoranblättchen, 1 EL Olivenöl, ½ Zitrone, nur Saft, auf den Tomaten verteilen.

# Tomaten-Granita auf Tomaten

Vor- und zubereiten: ca. 20 Min.
Gefrieren: ca. 4 Std.
Vorspeise für 6 Personen

---

**300 g Fleischtomaten,** in Stücken
**1 roter Peperoncino,** entkernt, in Stücken
**1 Bio-Zitrone,** nur wenig abgeriebene Schale
**2 EL Gin**
**1½ TL Rohzucker**
**2 Prisen Salz**

---

**400 g verschiedenfarbige Tomaten,** in Scheiben
**½ Gurke,** in Scheiben
**100 g Crème fraîche**
**2 EL Olivenöl**
**2 EL Crema di Balsamico**
**2 EL Basilikum,** grob geschnitten
**¼ TL Fleur de Sel**
**wenig Pfeffer**

---

1. Tomaten mit allen Zutaten bis und mit Salz pürieren, durch ein Sieb in eine Chromstahlschüssel streichen. Masse zugedeckt ca. 4 Std. gefrieren, dabei 4-mal mit einer Gabel aufkratzen, bis die Masse körnig gefroren ist.

2. Tomaten und Gurke auf Teller verteilen. Crème fraîche, Öl und Crema di Balsamico darauf verteilen. Basilikum, Fleur de Sel und Pfeffer darüberstreuen. Granita darauf anrichten.

**Portion:** 235 kcal, F 15 g, Kh 13 g, E 2 g

# Tomaten-Tarte-Tatin

Vor- und zubereiten: ca. 25 Min.
Backen: ca. 20 Min.
Für ein Backblech von ca. 30 cm Ø, Boden exakt mit Backpapier belegt
Hauptgericht für 4 Personen

**30 g Butter,** weich
**2 EL Akazienhonig**
**600 g Tomaten,** in ca. 1 cm dicken Scheiben
**3 Bundzwiebeln mit dem Grün,** in feinen Ringen
**¼ TL Salz**

**1 ausgewallter Blätterteig** (ca. 32 cm Ø)

**1 Bund Basilikum,** in feinen Streifen
**½ TL Fleur de Sel**

1. Butter und Honig auf dem vorbereiteten Blech verteilen. Tomaten ziegelartig darauflegen, Bundzwiebeln darauf verteilen, salzen.
2. Teig mit einer Gabel dicht einstechen, locker auf die Zwiebeln legen. Teigrand zwischen Tomaten und Blechrand schieben.
3. **Backen:** ca. 20 Min. in der Mitte des auf 220 Grad vorgeheizten Ofens. Tarte herausnehmen, ca. 2 Min. ruhen lassen, auf eine Platte stürzen. Basilikum und Fleur de Sel darüberstreuen.

**Dazu passt:** gemischter Salat und Doppelrahm.

**Portion:** 391 kcal, F 22 g, Kh 44 g, E 5 g

# Tomatensugo

Vor- und zubereiten: ca. 5½ Std.
Für 3 Einmachgläser von je ca. 5 dl

- **1 EL Olivenöl**
- **3 Schalotten,** in Stücken
- **3 Knoblauchzehen,** gepresst
- **3 EL Tomatenpüree**
- **4 kg Fleischtomaten,** in Stücken
- **½ Bund Thymian**
- **1 EL Zucker**
- **1½ TL Salz**
- **wenig Pfeffer**

1. Öl in einer weiten Pfanne warm werden lassen. Schalotten und Knoblauch andämpfen. Tomatenpüree und alle restlichen Zutaten beigeben, aufkochen, Hitze reduzieren. Sauce unter gelegentlichem Rühren ca. 5 Std. köcheln.
2. Sauce durchs Passe-vite in eine Pfanne treiben, aufkochen, heiss in die sauberen, vorgewärmten Gläser füllen, sofort verschliessen. Gläser mit Schraubdeckel kurz auf den Kopf stellen, auf isolierender Unterlage auskühlen.

**Tipp:** 5 dl Sugo ergeben mit 500 g Spaghetti (Rohgewicht), gekocht, ein Hauptgericht für 4 Personen.

**Haltbarkeit:** ca. 6 Monate. Einmal geöffnet, Sugo im Kühlschrank aufbewahren, rasch konsumieren.

**Portion (1¼ dl):** 104 kcal, F 2 g, Kh 13 g, E 3 g

# Speck-Tomate auf Risotto

Vor- und zubereiten: ca. 35 Min.
Backen: ca. 1 Std.
Hauptgericht für 4 Personen

**4 Tomaten** (z. B. Rispentomaten)
**½ Bund Salbei**
**8 Specktranchen**

**1 EL Olivenöl**
**1 Zwiebel,** fein gehackt
**300 g Risotto** (z. B. Carnaroli)
**2 dl trockener weisser Vermouth** (z. B. Noilly Prat)
**1 l Gemüsebouillon,** siedend

**4 EL geriebener Parmesan**
**wenig Fleur de Sel**

1. Tomaten mit einem Zahnstocher einige Male einstechen. Salbei auf die Specktranchen legen, Tomaten mit je 2 Specktranchen umwickeln, auf ein mit Backpapier belegtes Blech stellen.
2. **Backen:** ca. 1 Std. in der Mitte des auf 180 Grad vorgeheizten Ofens.
3. Öl in einer Pfanne warm werden lassen. Zwiebel andämpfen, Reis beigeben, unter Rühren dünsten, bis er glasig ist. Vermouth dazugiessen, vollständig einkochen. Bouillon unter häufigem Rühren nach und nach dazugiessen, sodass der Reis immer knapp mit Flüssigkeit bedeckt ist, ca. 20 Min. köcheln, bis der Reis cremig und al dente ist.
4. Tomaten herausnehmen, auf dem Risotto anrichten, Käse und Fleur de Sel darüberstreuen.

**Portion:** 465 kcal, F 13 g, Kh 67 g, E 15 g

# Zucchini

## Aufbewahren

Zucchini eignen sich nicht zum Tiefkühlen.

## Rüsten

Sehr frische Zucchini können einen feinen Flaum auf der Schale haben, diesen vor dem Weiterverarbeiten mit einem feuchten Tuch abreiben. Bei Zucchini-Blüten vor der Weiterverarbeitung den Stempel sorgfältig herausdrehen und wegwerfen.

## Tipps

- Zucchini sind punkto Rüsten ein echtes Turbogemüse, sie brauchen kaum Vorbereitung und sind schnell und einfach geschnitten.
- Zucchini-Scheiben eignen sich gut zum Grillieren.
- Zucchini einfach längs in Scheiben schneiden: Auf einer Seite eine feine Scheibe abschneiden, Zucchini drehen, sodass sie auf der Schnittfläche liegt, jetzt ist sie stabil, und das Scheibenschneiden geht ringer.

# Zucchini-Poulet-Salat

Vor- und zubereiten: ca. 25 Min.
Hauptgericht für 4 Personen

**1½ dl Wasser**
**1 TL Salz**
**600 g Hackfleisch** (Poulet)
**1 EL Curry**
**1 roter Chili,** entkernt, in feinen Ringen

**3 EL Limettensaft**
**4 EL Rapsöl**
**¾ TL Salz**
**600 g Zucchini,** mit dem Sparschäler dünne Streifen abgeschält
**2 Pfirsiche,** in Schnitzen
**1 Bund Koriander,** zerzupft
**80 g Pekannüsse,** grob gehackt, geröstet

1. Wasser aufkochen, salzen, Hitze reduzieren. Hackfleisch, Curry und Chili beigeben, unter gelegentlichem Rühren ca. 6 Min. köcheln, abtropfen.
2. Limettensaft, Öl und Salz verrühren. Zucchini und Pfirsiche mit dem Poulet beigeben, mischen, Koriander und Nüsse darüberstreuen.

**Dazu passt:** Baguette.

**Portion:** 548 kcal, F 35 g, Kh 16 g, E 38 g

# Gefüllte Zucchini-Blüten

Vor- und zubereiten: ca. 25 Min.
Hauptgericht für 4 Personen

**2 Schweinsbratwürste**
**150 g Zucchini,** grob gerieben
**2 Scheiben Toastbrot** (ca. 50 g), in Würfeli
**½ TL Fenchelsamen**
**¼ TL Salz**
**wenig Pfeffer**

**8 Zucchini-Blüten mit Fruchtansatz**

**1 EL Olivenöl**
**wenig Paprika**

1. Bratwürste einschneiden, Brät in eine Schüssel drücken. Zucchini und alle Zutaten bis und mit Pfeffer daruntermischen.
2. Zucchini-Blüten sorgfältig öffnen, Stempel herausbrechen. Zucchini-Blüten mit der Wurstmasse füllen, Blütenspitzen zudrehen.
3. Ein Dämpfkörbchen in eine weite Pfanne stellen, Wasser bis knapp unter den Körbchenboden einfüllen. Zucchini-Blüten zugedeckt bei mittlerer Hitze ca. 12 Min. garen, herausnehmen, auf Tellern anrichten. Öl darüberträufeln, Paprika darüberstreuen.

**Dazu passt:** Risotto.

**Portion:** 247 kcal, F 17 g, Kh 8 g, E 14 g

# Zucchini-Spaghetti

Vor- und zubereiten: ca. 25 Min.
Hauptgericht für 4 Personen

---

**Öl** zum Braten
**500 g Rindshuft,** in ca. 1½ cm grossen Würfeln
**½ TL Salz**
**wenig Pfeffer**

---

**4 Tomaten,** in Stücken
**2 Schalotten,** in Stücken
**1 Knoblauchzehe,** in Scheibchen
**¾ TL Salz**
**wenig Pfeffer**

---

**800 g Zucchini,** mit dem Gemüsetwister geschnitten oder in feinen Streifen
**½ Bund Basilikum,** grob geschnitten

---

1. Öl in einer Bratpfanne heiss werden lassen. Fleisch portionenweise ca. 2 Min. rührbraten, herausnehmen, würzen.
2. Tomaten mit den Schalotten und dem Knoblauch pürieren, würzen, in dieselbe Pfanne geben, zugedeckt ca. 10 Min. köcheln.
3. Zucchini in die Sauce geben, mischen. Fleisch und Basilikum daruntermischen, nur noch heiss werden lassen.

**Dazu passt:** geröstete Baguette.

**Portion:** 259 kcal, F 9 g, Kh 9 g, E 34 g

# Zucchini-Wähe

Vor- und zubereiten: ca. 30 Min.
Backen: ca. 35 Min.
Für ein Backblech von ca. 30 cm Ø, gefettet
Hauptgericht für 4 Personen

---

1 **ausgewallter Dinkelkuchenteig** (ca. 32 cm Ø)
3 EL **Paniermehl**

---

1 kg **Zucchini,** längs in ca. 3 mm dicke Scheiben gehobelt, längs halbiert
2 EL **Olivenöl**
¾ TL **Salz**
wenig **Pfeffer**
½ **rote Zwiebel,** in Ringen

---

1½ dl **Milch**
2 **Eier**
60 g **geriebener Parmesan**
1 EL **Mehl**
¼ TL **Salz**
wenig **Pfeffer**

---

wenig **Basilikum** und **Thymian,** zerzupft

---

1. Teig entrollen, ins vorbereitete Blech legen. Boden mit einer Gabel dicht einstechen. Paniermehl auf dem Teigboden verteilen.
2. Zucchini, Öl, Salz und Pfeffer in einer Schüssel mischen. Zucchinistreifen von aussen nach innen einschichten, Zwiebelringe darauf verteilen.
3. Milch und alle Zutaten bis und mit Pfeffer gut verrühren, über die Zucchini giessen.
4. **Backen:** ca. 35 Min. auf der untersten Rille des auf 220 Grad vorgeheizten Ofens. Herausnehmen, etwas abkühlen, Kräuter darüberstreuen.

**Dazu passt:** Blattsalat.

**Portion:** 537 kcal, F 31 g, Kh 40 g, E 21 g

Herbst

# Blumenkohl-Pizza

Vor- und zubereiten: ca. 25 Min.
Ziehen lassen: ca. 30 Min.
Backen: ca. 20 Min.
Vorspeise für 4 Personen

**800 g Blumenkohl,** in Röschen
**½ TL Salz**
**80 g geriebener Sbrinz**
**1 Ei**
**½ TL Salz**
**wenig Pfeffer**

**150 g Tomatensauce**
**40 g Salami in Tranchen**
**1 Knoblauchzehe,** in Scheibchen
**80 g geriebener Mozzarella**
**½ EL Olivenöl**

**einige Basilikumblätter**

1. Vom Blumenkohl ca. 50 g in Scheiben schneiden, beiseite legen. Rest im Cutter fein hacken, salzen, ca. 30 Min. ziehen lassen. Blumenkohl auf ein sauberes Tuch geben, auspressen, Blumenkohl in eine Schüssel geben. Käse, Ei, Salz und Pfeffer daruntermischen. Masse auf einem mit Backpapier belegten Blech rund (ca. 25 cm Ø) ausstreichen.
2. Tomatensauce darauf verteilen, Salami und Knoblauch darauf verteilen, Käse darüberstreuen. Beiseite gelegten Blumenkohl neben der Pizza auf das Blech legen, mit Öl bestreichen.
3. **Backen:** ca. 20 Min. in der unteren Hälfte des auf 220 Grad vorgeheizten Ofens. Herausnehmen, Blumenkohlscheiben und Basilikum auf der Pizza verteilen.

**Portion:** 291 kcal, F 17 g, Kh 9 g, E 20 g

# Blumenkohl-Snack

Vor- und zubereiten: ca. 15 Min.
Backen: ca. 30 Min.
Apéro für 6 Personen

1½ kg **Blumenkohl**, in kleinen Röschen
2 EL **Mehl**
2 EL **Raz el Hanout** (siehe Hinweis)
1½ TL **Salz**

180 g **Joghurt nature**
2 EL **Petersilie,** fein geschnitten
**Salz,** nach Bedarf

1. Blumenkohl und alle Zutaten bis und mit Salz in einen Plastikbeutel geben. Gut schütteln, bis der Blumenkohl mit der Würzmischung überzogen ist, auf einem mit Backpapier belegten Blech verteilen.
2. **Backen:** ca. 30 Min. in der Mitte des auf 220 Grad vorgeheizten Ofens.
3. Joghurt und Petersilie verrühren, salzen, zum Blumenkohl servieren.

**Hinweis:** Raz el Hanout ist eine marokkanische Gewürzmischung, die bis zu 30 verschiedene Gewürze enthält, und ist in grösseren Coop Supermärkten erhältlich. Ersatz: milder Curry.

**Portion:** 158 kcal, F 3 g, Kh 14 g, E 11 g

# Blumenkohl aus dem Ofen

Vor- und zubereiten: ca. 35 Min.
Backen: ca. 12 Min.
Beilage für 4 Personen

**1 Blumenkohl** (ca. 700 g)
**¾ TL Salz**

**60 g Chorizo in Tranchen**
**250 g Frischback-Baguette,** in Scheiben
**2 EL Olivenöl**
**3 EL geriebener Sbrinz**

**1 Bund Petersilie,** fein geschnitten
**50 g Baumnusskerne,** fein gehackt
**1 Bio-Zitrone,** wenig abgeriebene Schale und 2 EL Saft
**1 EL Olivenöl**

1. Ein Dämpfkörbchen in eine weite Pfanne stellen, Wasser bis knapp unter den Körbchenrand einfüllen. Blumenkohl beigeben, salzen, zugedeckt ca. 12 Min. knapp weich garen.
2. Chorizo falten, in den Blumenkohl stecken, dafür evtl. Löcher vorstechen. Blumenkohl und Baguettescheiben auf ein mit Backpapier belegtes Blech legen, mit Öl bestreichen. Käse über den Blumenkohl streuen.
3. **Backen:** ca. 12 Min. in der Mitte des auf 220 Grad vorgeheizten Ofens. Herausnehmen.
4. Petersilie und alle restlichen Zutaten mischen, auf den Brotscheiben verteilen, mit dem Blumenkohl anrichten.

**Passt zu:** gebratenen Plätzli, Steaks oder Fischfilets.

**Portion:** 510 kcal, F 26 g, Kh 41 g, E 20 g

# Flammkuchen mit Broccoli und Mais

Vor- und zubereiten: ca. 20 Min.
Backen: ca. 20 Min. pro Blech
Hauptgericht für 4 Personen

**2 ausgewallte Flammkuchenteige** (je ca. 25×42 cm)

**360 g Joghurt nature**
**¼ TL Cayennepfeffer**
**200 g Feta,** grob gerieben
**700 g Broccoli,** in Röschen, Strunk geschält, in feinen Scheiben
**2 Maiskolben,** Körner vom Kolben geschnitten
**1 EL Olivenöl**
**¾ TL Salz**

1. Teige entrollen, mit dem Backpapier auf zwei Backbleche legen.
2. Joghurt und Cayennepfeffer verrühren, auf den Teigen verteilen, Feta darüberstreuen. Broccoli und alle restlichen Zutaten in einer Schüssel mischen, darauf verteilen.
3. **Backen:** ca. 20 Min. auf der untersten Rille des auf 240 Grad vorgeheizten Ofens. Vorgang wiederholen.

**Portion:** 705 kcal, F 28 g, Kh 70 g, E 29 g

# Rindfleischsalat mit Broccoli

Vor- und zubereiten: ca. 30 Min.
Hauptgericht für 4 Personen

**Öl** zum Braten
**500 g geschnetzeltes Rindfleisch** (à la minute)
**½ TL Salz**
**wenig Pfeffer**

**2 Bundzwiebeln mit dem Grün,** in feinen Streifen
**600 g Broccoli,** in Röschen, Strunk geschält, in feinen Scheiben
**80 g Mandeln,** grob gehackt
**½ TL Salz**

**4 EL Weissweinessig**
**4 EL Olivenöl**
**2 TL flüssiger Honig**
**1 EL Dukkah** (siehe Hinweis)
**1 Mango,** in Würfeli

1. Wenig Öl in einer weiten beschichteten Bratpfanne heiss werden lassen. Fleisch portionenweise ca. 2 Min. braten, herausnehmen, würzen, Hitze reduzieren, wenig Öl beigeben.
2. Zwiebeln andämpfen, Broccoli und Mandeln ca. 10 Min. rührbraten, salzen. Fleisch wieder beigeben.
3. Essig, Öl, Honig und Dukkah verrühren, beigeben. Mango daruntermischen, anrichten.

**Hinweis:** Dukkah ist eine afrikanisch-orientalische Nuss-Gewürz-Mischung. Erhältlich in grösseren Coop Supermärkten. Ersatz: Curry.

**Portion:** 502 kcal, F 28 g, Kh 18 g, E 37 g

# Kabis & Wirz

## Aufbewahren

Kabis und Wirz halten sich in der Gemüseschublade im Kühlschrank bis zu einer Woche.

## Rüsten

Kabis und Wirz vierteln, Strunk herausschneiden, mit dem Messer sehr fein schneiden. Wird Kabis gehobelt, nach dem Vierteln den Strunk dranlassen, damit der Kabis besser zusammenhält.

## Zubereiten

Kabis und Wirz schmecken roh und gekocht sehr gut, für traditionelle Gerichte wie Rotkraut und Sauerkraut den Kabis lange schmoren (mind. 1 Std.).

## Tipps

- Rotkraut und Sauerkraut mit Früchten (z. B. Trockenobst, Apfel, Birne, Preiselbeeren) verfeinern.
- Für Salate Kabis roh mit der Sauce mischen und ziehen lassen. Kabissalate eignen sich gut zum Vorbereiten.

## Wertvolle Vitaminspender

Kabis ist unschlagbar gesund, kein Kohl! Alle Sorten sind mit ihrem hohen Anteil an bioaktiven Substanzen wahre Multitalente. Sie enthalten viele Glucosinolate, die für das typische Senfölaroma der Kohlgemüse verantwortlich sind und antibakteriell wirken. Schon 100 g Weisskabis oder 200 g Rotkabis decken den Tagesbedarf an Vitamin C! Kümmel und Fenchel unterstützen die Verdauung, ob als Gewürz im Gericht oder als Tee nach dem Essen.

# Okonomiyaki mit Wirz (japanische Omelette)

Vor- und zubereiten: ca. 45 Min.
Hauptgericht für 4 Personen

**110 g Mehl**
**1 Beutel Miso-Paste** (ca. 14 g, siehe Hinweis)
**1½ dl Wasser,** lauwarm
**2 frische Eier**
**½ TL Salz**
**300 g Wirz,** in feinen Streifen
**400 g geschälte rohe Crevettenschwänze** (Bio)
**1 rote Zwiebel,** in feinen Streifen
**1 roter Chili,** entkernt, in Ringen

**Öl** zum Backen

**2 EL Teriyaki-Sauce** oder dunkle (dark) Sojasauce
**3 EL Mayonnaise**
**1 EL Wasser**
**1 cm Ingwer,** fein gerieben
**2 EL Thai-Basilikum,** in feinen Streifen
**2 EL Schnittlauch,** fein geschnitten

1. Mehl in eine Schüssel geben. Miso-Paste mit dem Wasser anrühren, Eier und Salz darunterrühren, zum Mehl giessen, gut verrühren. Wirz, Crevetten, Zwiebel und Chili daruntermischen.
2. Wenig Öl in einer beschichteten Bratpfanne (ca. 28 cm Ø) warm werden lassen. Die Hälfte der Masse in die Pfanne giessen, zugedeckt bei kleiner Hitze ca. 15 Min. backen. Omelette wenden, ca. 10 Min. fertig backen, auf einen Teller gleiten lassen, warm stellen. Restliche Masse backen wie oben.
3. Omeletten mit der Teriyaki-Sauce bestreichen. Mayonnaise, Wasser und Ingwer verrühren, über die Omeletten träufeln. Basilikum und Schnittlauch darüberstreuen.

**Hinweis:** Miso-Paste verwendet man für japanische Suppen. Sie ist in Coop Supermärkten (von Fine Food) und in asiatischen Spezialitätenläden erhältlich.

**Portion:** 374 kcal, F 17 g, Kh 25 g, E 28 g

**Okonomiyaki**
Die japanische Form einer Omelette mit Kohl wird gern in den Regionen Osaka und Hiroshima serviert. Zubereitet wird die Omelette traditionellerweise auf dem Teppan, einer heissen Eisenplatte, direkt vor den Gästen. Die Zutaten variieren vielfältig, es gibt vegetarische Varianten und solche mit Fleisch oder Fisch.

# Kabis-Piccata

Vor- und zubereiten: ca. 45 Min.
Hauptgericht für 4 Personen

**4 EL Mehl**
**5 frische Eier**
**160 g geriebener Parmesan**
**½ TL Salz**
**wenig Pfeffer**

**Öl** zum Braten
**1 kleiner Rotkabis** (ca. 500 g), in ca. 2 cm breiten Schnitzen
**2 EL Schnittlauch,** fein geschnitten

1. Ofen auf 60 Grad vorheizen, Platte und Teller vorwärmen.
2. Mehl in einen flachen Teller geben. Eier mit Käse, Salz und Pfeffer in einer Schüssel verklopfen. Kabis zuerst im Mehl wenden, überschüssiges Mehl abschütteln, dann in der Eimasse wenden.
3. Wenig Öl in einer beschichteten Bratpfanne heiss werden lassen. Hitze reduzieren, Kabis portionenweise beidseitig je ca. 6 Min. braten, warm stellen. Vor dem Servieren mit Schnittlauch garnieren.

**Dazu passt:** Risotto, Polenta.

**Portion:** 341 kcal, F 20 g, Kh 12 g, E 25 g

# Kabisbraten

Vor- und zubereiten: ca. 20 Min.
Schmoren: ca. 1½ Std.
Hauptgericht für 4 Personen

**1 kleiner Rotkabis** (ca. 500 g)
**1 kleiner Weisskabis** (ca. 500 g)

**10 Tranchen Bratspeck,** halbiert
**10 Dörraprikosen** (soft), halbiert

**1 EL Butter**
**2 Zwiebeln,** in Schnitzen
**2 Zweiglein Rosmarin**
**5 dl saurer Most**
**1 TL Salz**

1. Kabis-Strunk je kreuzweise einschneiden. Mit dem Kugelausstecher je 10 ca. 1 cm tiefe Vertiefungen herausschneiden, Ausgeschnittenes beiseite legen.
2. Je 1 Stück Speck um 1 Aprikosenstück wickeln, in die Vertiefungen stecken.
3. Butter im Brattopf warm werden lassen. Zwiebeln und Rosmarin mit dem beiseite gestellten Kabis andämpfen. Most dazugiessen, aufkochen, salzen, Kabis beigeben.
4. **Schmoren im Ofen:** zugedeckt ca. 1½ Std. in der unteren Hälfte des auf 160 Grad vorgeheizten Ofens.

**Dazu passen:** Spätzli.

**Portion:** 260 kcal, F 10 g, Kh 20 g, E 10 g

**Sauerkraut kochen und verfeinern**
1 EL Butter erwärmen, 1 Zwiebel, in Streifen, andämpfen, Sauerkraut kurz mitdämpfen. 1 dl Weisswein oder Bouillon dazugiessen, aufkochen, zugedeckt bei kleiner Hitze ca. 1½ Std. schmoren, mit Salz und Pfeffer würzen. Tipp: Während des Fermentierens ausser Salz keine weiteren Kräuter oder Gewürze mit dem Kabis mischen. Wacholderbeeren, Kümmel, getrocknete Cranberrys oder Kräuter erst bei der Zubereitung beigeben.

# Selbst gemachtes Sauerkraut

vegan

Vor- und zubereiten: ca. 15 Min.
Ruhen lassen/fermentieren:
ca. 24 Tage
Für 1 Glas mit Deckel von ca. 1 Liter
Beilage für 4 Personen

**1 kg Weisskabis,** in ca. 2 mm breite Streifen gehobelt
**20 g Meersalz ohne Jodzusatz**

1. Kabis und Salz in eine Schüssel geben, gut mischen und so lange kneten, bis richtig viel Saft austritt (ca. 15 Min.).
2. Kabis in das sehr saubere, heiss ausgespülte Glas füllen, gut andrücken, sodass der Kabis vollständig mit Flüssigkeit bedeckt ist, beschweren (siehe Tipp unten). Glas nur locker verschliessen (Schraubdeckel nicht ganz zudrehen), damit sich bildendes Gas austreten kann.
3. Glas in eine Schüssel stellen, da bei der Fermentation Saft austreten kann. Glas an einem dunklen Ort bei konstanter Raumtemperatur (max. 21 Grad) ca. 3 Tage stehen lassen. Nach 3 Tagen Deckel kurz abheben, damit entstandenes Gas entweichen kann. Ist ein essigsaurer Geruch wahrnehmbar, ist die Fermentation in vollem Gange.
4. Glas nun gut verschliessen und ca. 3 Wochen im Kühlschrank weiterfermentieren. Wichtig: Deckel alle 2 Tage öffnen, damit Gas entweichen kann, Glas danach wieder gut verschliessen, zurück in den Kühlschrank stellen. Nach 3 Wochen ist das Sauerkraut fertig und kann roh oder gekocht genossen werden.

**Passt zu:** Saucisson, Rippli, Speck.

**Portion:** 71 kcal, F 0 g, Kh 10 g, E 3 g

**Tipp: Sauerkraut beschweren**
1 Plastikbeutel mit so viel Wasser füllen, dass er das leere Volumen im Glas ganz ausfüllt. Beutel gut verknoten, aufs Sauerkraut geben. Der Beutel bleibt im Glas, bis das Sauerkraut aufgebraucht ist. Haltbarkeit: nach dem Fermentieren im Kühlschrank ca. 3 Wochen. Sauerkraut nach Bedarf mit einer sauberen Gabel entnehmen.

# Kartoffeln

**Aufbewahren**

Um Kartoffeln fachgerecht zu lagern, gilt es einige Tipps zu beachten:

- Kühl und trocken aufbewahren.
- Die ideale Lagertemperatur beträgt 7–10 Grad.
- Kartoffeln nur in kleinen Mengen für den raschen Konsum kaufen.

**Rüsten**

Geschälte Kartoffeln verfärben sich schnell braun, daher Kartoffeln nach dem Schälen bis zur Weiterverwendung in kaltes Wasser legen (bis ca. 1 Std.).

Frühkartoffeln und Baby-Kartoffeln nicht schälen, das spart Zeit. Kartoffeln für Kartoffelstock ebenfalls nicht schälen, nach dem Kochen mit der Schale durchs Passe-vite treiben.

**Tipps**

Festkochende Sorten
(grüner Beutel)
*Ideal für:* Gschwellti, Salat, Salzkartoffeln
*Gut für:* Bratkartoffeln, Suppen

Vorwiegend fest kochende Sorten zum Braten und Frittieren
(roter Beutel [Coop]*)
*Ideal für:* Bratkartoffeln, Pommes frites, Rösti
*Gut für:* Gschwellti, Salat, Salzkartoffeln, Suppen

Mehlig kochende Sorten
(blauer Beutel)
*Ideal für:* Baked Potatoes, Gerichte aus Kartoffelteig, Gnocchi, Gratins, Kartoffelstock, Pommes frites, Rösti
*Gut für:* Bratkartoffeln, Gratins, Saucenkartoffeln, Suppen

Raclette- und Frühkartoffeln
*Ideal für:* Gschwellti, Salat
*Gut für:* Bratkartoffeln

* Bei anderen Grossverteilern blauer Beutel

# Gefüllte Kartoffeln

Vor- und zubereiten: ca. 30 Min.
Backen: ca. 1 Std.
Für ein Backblech von ca. 30 cm Ø, mit Backpapier belegt
Beilage für 4 Personen

---

**500 g Salz**
**4 grosse mehlig kochende Kartoffeln** (je ca. 250 g)

---

**1 EL Butter**
**300 g Kürbis** (z. B. Butternut), in ca. 3 mm dicken Scheibchen
**200 g Schalotten,** in feinen Streifen
**½ TL Kümmel**
**1½ dl Apfelsaft**
**½ TL Salz**
**wenig Pfeffer**

---

**250 g Halbfettquark**
**1 Bund Schnittlauch,** fein geschnitten
**1 Knoblauchzehe,** gepresst
**½ TL Salz**
**wenig Pfeffer**

---

1. Salz auf dem vorbereiteten Backblech verteilen, Kartoffeln darauflegen.
2. **Backen:** ca. 1 Std. in der Mitte des auf 180 Grad vorgeheizten Ofens. Herausnehmen, längs ca. 2 cm tief einschneiden, seitlich eindrücken, sodass die Kartoffeln aufplatzen.
3. Butter in einer Pfanne warm werden lassen. Kürbis, Schalotten und Kümmel ca. 8 Min. dämpfen. Apfelsaft dazugiessen, aufkochen, würzen, auf den Kartoffeln verteilen.
4. Quark, Schnittlauch und Knoblauch verrühren, würzen, mit den Kartoffeln anrichten.

**Schneller:** Gschwellti im Dampfkochtopf zubereiten.

**Portion:** 294 kcal, F 7 g, Kh 44 g, E 11 g

# Herbstlicher Kartoffelsalat

Vor- und zubereiten: ca. 25 Min.
Vorspeise für 4 Personen

**50 g Haselnüsse,** grob gehackt

**2 EL Bratbutter**
**400 g fest kochende Kartoffeln,** in Schnitzen
**¼ TL Salz**
**wenig Pfeffer**

**50 g Masgonzola**
**3 EL Aceto balsamico bianco**
**4 EL Olivenöl**
**3 EL Wasser**
**wenig Pfeffer**
**1 Frisée,** in Stücken
**4 Feigen,** in Schnitzen

1. Nüsse in einer Bratpfanne ohne Fett rösten, herausnehmen.
2. Bratbutter in derselben Pfanne heiss werden lassen. Hitze reduzieren, Kartoffeln ca. 15 Min. braten, würzen.
3. Masgonzola mit allen Zutaten bis und mit Pfeffer pürieren, mit dem Salat und den Kartoffeln mischen, anrichten. Feigen und Nüsse darauf verteilen.

**Portion:** 416 kcal, F 32 g, Kh 22 g, E 6 g

# Blauer Kartoffelstampf

Vor- und zubereiten: ca. 25 Min.
Beilage für 4 Personen

**1 kg blaue Kartoffeln** (z. B. Blaue St. Galler), in Stücken
**Salzwasser,** siedend
**40 g Butter**

**180 g Crème fraîche**
**50 g Wildlachsrogen**
**wenig Kerbel**

1. Kartoffeln im Salzwasser ca. 15 Min. weich kochen, gut abtropfen. Kartoffeln mit der Butter zurück in die Pfanne geben, fein zerdrücken.
2. Kartoffelstampf anrichten, Crème fraîche, Lachsrogen und Kerbel darauf verteilen.

**Tipp:** Statt Wildlachsrogen ½ Granatapfel, Kerne ausgelöst, verwenden.

**Passt zu:** gebratenem Fisch.

**Portion:** 417 kcal, F 26 g, Kh 33 g, E 9 g

# Tandoori-Kartoffelgratin

Vor- und zubereiten: ca. 25 Min.
Backen: ca. 45 Min.
Für eine weite ofenfeste Form von ca. 3 Litern
Hauptgericht für 4 Personen

---

**5 dl Kokosmilch**
**800 g Kartoffeln,** in ca. 2 mm dicke Scheiben gehobelt
**3 Bundzwiebeln mit dem Grün,** in feinen Ringen, wenig Grün beiseite gestellt
**1 rote Peperoni,** in ca. 1½ cm grossen Stücken
**1 TL Salz**
**3 EL Tandoori-Paste** (siehe Hinweise)
**2 EL Kokosraspel**
**2 EL Panko** (siehe Hinweise)

---

**50 g Cashew-Nüsse**
**1 Limette,** heiss abgespült, trocken getupft, in Schnitzen

---

1. Kokosmilch und alle Zutaten bis und mit Salz in einer weiten Pfanne unter gelegentlichem Rühren aufkochen. Hitze reduzieren, ca. 10 Min. köcheln. Tandoori-Paste darunterrühren, in der Form verteilen. Kokosraspel und Panko darüberstreuen.
2. **Backen:** ca. 30 Min. in der Mitte des auf 200 Grad vorgeheizten Ofens. Nüsse darüberstreuen, ca. 15 Min. fertig backen. Herausnehmen, beiseite gestelltes Zwiebelgrün darüberstreuen. Limettenschnitze dazu servieren.

**Tipp:** Korianderblättchen, zerzupft, darüberstreuen.

**Hinweise**

- Tandoori-Paste ist eine rote indische Gewürzpaste und in grösseren Coop Supermärkten erhältlich.
- Panko ist japanisches Paniermehl und besteht aus Weissbrot ohne Kruste. Es ist gröber gerieben als unser Paniermehl. Ersatz: Paniermehl.

**Portion:** 562 kcal, F 35 g, Kh 46 g, E 11 g

# Krautstiel

## Aufbewahren

Krautstiel ist oft sehr lang und passt nicht in den Kühlschrank. So klappts trotzdem: Stiele von den Blättern abschneiden, Stiele in Klarsichtfolie, Blätter in einen Plastikbeutel verpacken, in der Gemüseschublade des Kühlschranks aufbewahren.

## Rüsten

Blätter vom Stiel schneiden, Stiele in feine Scheiben schneiden, Blätter fein schneiden. Da die Stiele eine längere Kochzeit haben, zuerst diese andämpfen, erst wenn die Stiele knapp weich sind, die Blätter beigeben, nur noch kurz weich dämpfen.

## Tipps

- Krautstiel wird manchmal auch Mangold genannt, er ist aber nicht zu verwechseln mit dem Blattmangold (grosse Blätter mit dünnem Stiel, Verwendung wie Spinat und für Capuns).
- Krautstiel gibt es immer häufiger auch als alte Sorten mit bunten Stielen (rot, gelb, orange) zu kaufen. Damit die Stiele ihre Farbe behalten, Krautstiele nur kurz dämpfen.

# Krautstiel auf Süsskartoffeln

Vor- und zubereiten: ca. 1 Std.
Hauptgericht für 4 Personen

**Olivenöl** zum Braten
**800 g Süsskartoffeln,** in ca. 5 mm dicken Scheiben

**600 g farbiger Krautstiel,** in ca. 1 cm breiten Streifen
**1–2 rote Peperoncini,** entkernt, in Ringen
**1 TL Salz**

**2 EL grobkörniger Senf**
**3 EL Apfelessig**
**4 EL Olivenöl**
**2 EL Sesam,** geröstet
**200 g Feta,** zerbröckelt

1. Wenig Öl in einer beschichteten Bratpfanne heiss werden lassen. Hitze reduzieren, Kartoffeln ca. 20 Min. rührbraten, herausnehmen, auf eine Platte geben. Bratfett auftupfen, evtl. wenig Öl beigeben.
2. Krautstiel und Peperoncini portionenweise ca. 5 Min. rührbraten, salzen, auf den Kartoffeln anrichten.
3. Senf, Essig und Öl verrühren, darübergiessen, Sesam und Käse darüberstreuen.

**Portion:** 509 kcal, F 30 g, Kh 40 g, E 17 g

# Krautstielpäckli

Vor- und zubereiten: ca. 40 Min.
Backen: ca. 25 Min.
Für eine weite ofenfeste Form von ca. 2 Litern, gefettet
Hauptgericht für 4 Personen

**8 farbige Krautstiele** (ca. 500 g)
**Wasser,** siedend

**Öl** zum Braten
**400 g Hackfleisch** (Rind)
**1 TL Salz**
**1 Knoblauchzehe,** gepresst
**2 EL Aceto balsamico**
**100 g Toastbrot,** fein gehackt
**3 EL dunkle Sultaninen**

**2½ dl Fleischbouillon**
**50 g Gruyère,** grob gerieben

1. Vom Krautstiel Stiele herausschneiden, diese in feine Streifen schneiden, in der vorbereiteten Form verteilen. Blätter im Wasser ca. 1 Min. blanchieren, im Eiswasser auskühlen, abtropfen.
2. Wenig Öl in einer Bratpfanne heiss werden lassen. Hackfleisch portionenweise je ca. 5 Min. anbraten, herausnehmen, salzen. Knoblauch kurz anbraten, Aceto, Brot und Sultaninen mit dem Fleisch beigeben, mischen, in 8 Portionen teilen.
3. Ein Krautstielblatt in eine Kaffeetasse legen, mit einer Portion Fleischmasse füllen, Päckli formen, in die Form stürzen. Restliche Krautstielblätter gleich füllen. Bouillon darübergiessen, Käse darüberstreuen.
4. **Backen:** ca. 25 Min. in der Mitte des auf 180 Grad vorgeheizten Ofens.

**Dazu passen:** Nudeln, Polenta.

**Portion:** 441 kcal, F 25 g, Kh 22 g, E 28 g

# Krautstiel mit Medaillons

Vor- und zubereiten: ca. 35 Min.
Niedergaren: ca. 25 Min.
Hauptgericht für 4 Personen

**Bratbutter** zum Braten
3 **Silserbrötli** (ca. 150 g), in Würfeli

12 **Schweinsmedaillons** (je ca. 50 g, ca. 2½ cm dick)
½ TL **Salz**
wenig **Pfeffer**

1 **rote Zwiebel,** in feinen Streifen
30 g **getrocknete Steinpilze**
600 g **Krautstiel,** in ca. 1½ cm breiten Streifen
1 dl **Weisswein**
2 dl **Saucen-Halbrahm**
¾ TL **Salz**
wenig **Pfeffer**

1. Ofen auf 80 Grad vorheizen, Platte und Teller vorwärmen.
2. Wenig Bratbutter in einer Bratpfanne warm werden lassen. Brotwürfeli goldbraun rösten, herausnehmen.
3. Wenig Bratbutter in derselben Pfanne heiss werden lassen. Medaillons portionenweise beidseitig je ca. 2½ Min. anbraten, würzen, auf die vorgewärmte Platte legen.
4. **Niedergaren:** ca. 25 Min. Die Kerntemperatur soll ca. 60 Grad betragen. Die Medaillons können anschliessend bei 60 Grad bis zu 30 Min. warm gehalten werden.
5. Wenig Bratbutter in derselben Pfanne warm werden lassen. Zwiebel und Pilze andämpfen, Krautstiel ca. 5 Min. mitdämpfen. Wein und Saucen-Halbrahm dazugiessen, aufkochen, ca. 3 Min. köcheln, würzen. Medaillons mit dem Krautstiel anrichten, Brotwürfeli darüberstreuen.

**Dazu passt:** Reis.

**Portion:** 538 kcal, F 25 g, Kh 28 g, E 44 g

# Kürbis

**Aufbewahren**

Kürbisse ganz, kühl und trocken aufbewahren, dann sind sie mehrere Monate haltbar. Kürbis tiefkühlen: Roh in Stücke schneiden, in Plastikbeutel gut verpacken, tiefkühlen. Haltbarkeit: ca. 6 Monate.

**Rüsten**

Normalerweise ist die Kürbisschale viel zu hart zum Essen. Nicht so beim Butternut, Muscade, Orangen Knirps und Hokkaido. Ihre besonders dünne Schale wird beim Kochen weich und kann problemlos mitgegessen werden.

**Tipps**

Aufgepasst: Zierkürbisse enthalten den Bitterstoff Cucurbitacine. Wenn nun Zierkürbisse in der Nähe von Speisekürbissen wachsen, können sich diese – auch über grössere Entfernung – kreuzen und Früchte mit dem Giftstoff bilden. Probieren Sie einen selbst gezogenen Kürbis deshalb immer erst mal im Rohzustand! Schmeckt er bitter, sollten Sie ihn – ob mit oder ohne Schale – auf keinen Fall essen. Die Nebenwirkungen reichen von Magen-Darm-Verstimmungen bis zu ernsthaften Vergiftungen. Ziehen Sie auch kein Saatgut aus dem eigenen Garten weiter, da das Erbgut von Zierkürbissen in der Nähe eingekreuzt werden kann!

# Kürbissalat mit Brezel-Crumble

Vor- und zubereiten: ca. 25 Min.
Backen: ca. 20 Min.
Vorspeise für 4 Personen

---

**1 kg Kürbis** (z. B. Butternut), geschält, in ca. 2 cm grossen Würfeln
**1 Knoblauchzehe,** in Scheibchen
**1 EL Rosmarin,** grob geschnitten
**1 Bio-Zitrone,** nur abgeriebene Schale
**2 EL Olivenöl**
**1 TL Salz**
**wenig Pfeffer**

---

**2 EL Olivenöl**
**60 g Vollkorn-Salzbrezeln Mini,** grob zerdrückt
**25 g Kürbiskerne**
**25 g Sonnenblumenkerne**

---

**50 g Jungspinat** oder Rucola
**wenig Olivenöl**
**wenig Fleur de Sel**

---

1. Kürbis und alle Zutaten bis und mit Pfeffer in einer Schüssel mischen. Auf einem mit Backpapier belegten Blech verteilen.
2. **Backen:** ca. 20 Min. in der Mitte des auf 220 Grad vorgeheizten Ofens, auf Tellern verteilen.
3. Öl in einer beschichteten Bratpfanne warm werden lassen. Brezel und Kerne rösten, Crumble über den Kürbis streuen.
4. Spinat mit Öl und Fleur de Sel mischen, auf dem Kürbis verteilen.

**Portion:** 294 kcal, F 20 g, Kh 20 g, E 7 g

# Kürbisgratin mit Feigen

Vor- und zubereiten: ca. 40 Min.
Backen: ca. 20 Min.
Für eine ofenfeste Form
von ca. 2½ Litern
Beilage für 4 Personen

---

**1 kg Kürbis** (z. B. Butternut), in Schnitzen, in ca. 5 mm dicken Scheiben
**4 Feigen,** in Sechsteln
**50 g Baumnusskerne**
**2 EL Olivenöl**
**½ TL Salz**
**wenig Pfeffer**

---

**1 Zwiebel,** fein gehackt
**3 EL glattblättrige Petersilie,** fein geschnitten
**2 dl Saucen-Halbrahm**
**¼ TL Muskat**
**½ TL Salz**
**wenig Pfeffer**
**80 g Ziegenweichkäse** (z. B. Chavroux Tendre Bûche), in Würfeln

---

1. Kürbis und alle Zutaten bis und mit Öl in der Form mischen, würzen.
2. **Backen:** ca. 10 Min. in der Mitte des auf 220 Grad vorgeheizten Ofens. Gratin herausnehmen. Zwiebel und Petersilie über den Kürbis streuen. Rahm würzen, darübergiessen, Käse darauf verteilen, ca. 10 Min. fertig backen.

**Passt zu:** grilliertem Fleisch und Fisch.

**Portion:** 411 kcal, F 32 g, Kh 22 g, E 8 g

# Kürbis-Kartoffel-Curry

vegan

Vor- und zubereiten: ca. 35 Min.
Hauptgericht für 4 Personen

**5 dl Kokosmilch**

**1 dl Gemüsebouillon**

**3 EL grüne Currypaste** (Naturaplan)

**1 EL Limettensaft**

**1 kg fest kochende Kartoffeln,** in ca. 1 cm grossen Würfeln

**1 kg Kürbis** (z. B. Butternut), in ca. 1 cm grossen Würfeln

**3 EL dunkle Sultaninen**

**einige Korianderblättchen,** zerzupft

**2 EL Amarant-Popkorn** (siehe Hinweis)

1. Kokosmilch und Bouillon aufkochen, Hitze reduzieren. Currypaste und Limettensaft beigeben, gut verrühren. Kartoffeln beigeben, bei kleiner Hitze ca. 10 Min. köcheln.
2. Kürbis und Sultaninen beigeben, ca. 5 Min. weich kochen. Koriander und Amarant darüberstreuen.

**Hinweis:** Amarant-Popkorn ist in Reformhäusern erhältlich. Ersatz: Popcorn.

**Portion:** 525 kcal, F 25 g, Kh 62 g, E 9 g

# Lauch-Tarte-Tatin

Vor- und zubereiten: ca. 20 Min.
Backen: ca. 25 Min.
Für ein Backblech von ca. 30 cm Ø, Boden exakt mit Backpapier belegt
Vorspeise für 4 Personen

| | |
|---|---|
| 4 TL | **Zucker** |
| 30 g | **Butter,** in Stücken |
| 600 g | **gebleichter Lauch,** in ca. 1½ cm dicken Ringen |
| ½ TL | **Salz** |
| wenig | **Pfeffer** |
| 1 | **ausgewallter Blätterteig** (ca. 32 cm Ø) |
| 1 | **Bio-Zitrone,** wenig abgeriebene Schale |
| 100 g | **Crème fraîche** |

1. Zucker auf dem vorbereiteten Blech verteilen.
2. **Caramelisieren:** ca. 5 Min. in der Mitte des auf 220 Grad vorgeheizten Ofens, bis der Zucker hellbraun ist. Herausnehmen, Butter auf dem Caramel verteilen.
3. Lauchringe auf den Caramel legen, würzen. Teig mit einer Gabel dicht einstechen, locker auf den Lauch legen. Teigrand zwischen Lauch und Blechrand schieben.
4. **Backen:** ca. 25 Min. Herausnehmen, ca. 2 Min. stehen lassen. Rand mit einem Spachtel etwas lösen, sorgfältig auf eine Platte stürzen. Zitronenschale darüberstreuen, Crème fraîche dazu servieren.

**Portion:** 467 kcal, F 31 g, Kh 38 g, E 6 g

# Lauch auf Quinoa

Vor- und zubereiten: ca. 40 Min.
Hauptgericht für 4 Personen

**2½ dl Kokosmilch**
**3 dl Wasser**
**½ TL Salz**
**150 g Quinoa** (z. B. Tricolore)

**160 g Speckwürfeli**
**500 g Lauch,** in ca. 8 cm langen Stücken, längs in feinen Streifen
**1 säuerlicher Apfel** (z. B. Braeburn), in Schnitzen
**½ TL Salz**
**wenig Pfeffer**

1. Kokosmilch mit Wasser und Salz aufkochen, Quinoa beigeben, offen bei kleiner Hitze ca. 20 Min. weich köcheln, zugedeckt beiseite stellen.
2. Speck in einer beschichteten Bratpfanne langsam knusprig braten. Hitze reduzieren, Lauch und Apfel beigeben, würzen, ca. 5 Min. rührbraten, bis der Lauch knapp weich ist, mit der Quinoa anrichten.

**Portion:** 407 kcal, F 23 g, Kh 31 g, E 16 g

# Randen

## Aufbewahren

Rohe Randen sind kühl, trocken und dunkel gelagert bis tief in den Winter hinein haltbar. Gekochte Randen 2–3 Tage im Kühlschrank aufbewahren.

## Rüsten

Schalen von gekochten Randen in einer grossen Schüssel mit Wasser oder unter fliessendem Wasser von Hand abrubbeln, unbedingt Gummihandschuhe tragen, da Randen stark färben. Hartnäckige Stellen mit einem Messer wegschneiden. Rohe Randen mit dem Sparschäler schälen.

Randen möglichst mit unverletzter Schale weich kochen. Danach sofort mit kaltem Wasser abschrecken, so lässt sich die Haut problemlos abziehen.

## Tipps

- Randen schmecken auch roh köstlich, entweder in feinen Streifen oder Scheiben als Salat oder Carpaccio.
- Im Herbst ist auf dem Markt eine Vielfalt an Randen erhältlich (gelbe, orange, Chioggia, rote). Die schönen Farben und Strukturen der Randen kommen roh oder knapp gegart am besten zur Geltung.
- Randen in feine Scheiben hobeln, im Dörrautomaten dörren, im Cutter fein mahlen. Dunkel und trocken gut verschlossen in einem Glas aufbewahren. Zum Aromatisieren von Salaten, Saucen, Suppen, Mayonnaise.

# Randen-Hummus

Vor- und zubereiten: ca. 30 Min.
Für 4 Gläser von je ca. 5 dl
Hauptgericht für 4 Personen

**2 EL Weissweinessig**
**2 EL Olivenöl**
**Salz, Pfeffer,** nach Bedarf
**700 g gekochte Randen,** davon 200 g in Würfeli, Rest in Stücken, beiseite gestellt

**2 Dosen Kichererbsen** (je ca. 400 g), abgespült, abgetropft
**250 g Halbfettquark**
**½ TL Kreuzkümmelpulver**
**1 TL Salz**
**wenig Pfeffer**
**2 Bund Koriander** oder glattblättrige Petersilie, zerzupft
**60 g Cashew-Nüsse,** geröstet

1. Essig und Öl verrühren, würzen. Randenwürfeli beigeben, mischen, in die Gläser füllen.
2. Beiseite gestellte Randenstücke und Kichererbsen mit allen Zutaten bis und mit Pfeffer pürieren, auf die Randenwürfeli geben. Koriander und Nüsse darauf verteilen.

**Lässt sich vorbereiten:** Randen-Hummus ca. 1 Tag im Voraus zubereiten, zugedeckt im Kühlschrank aufbewahren. Kurz vor dem Servieren Koriander und Nüsse darauf verteilen.

**Dazu passt:** Fladenbrot.

**Portion:** 488 kcal, F 20 g, Kh 49 g, E 25 g

# Randen-Couscous-Tätschli

Vor- und zubereiten: ca. 30 Min.
Ziehen lassen: ca. 30 Min.
Backen: ca. 20 Min.
Hauptgericht für 4 Personen

**600 g gekochte Randen,** in Stücken
**1 Knoblauchzehe,** grob gehackt
**1 Bio-Orange,** wenig abgeriebene Schale und 3 EL Saft
**¾ TL Salz**
**wenig Pfeffer**
**200 g Couscous**
**2 Eier**
**1 Bund Petersilie,** fein geschnitten
**2 EL Olivenöl**

**250 g Halbfettquark**
**1 hart gekochtes Ei,** in Würfeli
**1 EL Meerrettich,** fein gerieben
**1 TL Weissweinessig**
**¼ TL Salz**
**100 g Nüsslisalat**

1. Randen mit allen Zutaten bis und mit Pfeffer pürieren, mit dem Couscous mischen, ca. 30 Min. ziehen lassen. Eier und Petersilie daruntermischen. Masse in 8 Portionen teilen, zu Tätschli formen, auf ein mit Backpapier belegtes Blech legen. Tätschli mit Öl bestreichen.
2. **Backen:** ca. 20 Min. in der Mitte des auf 200 Grad vorgeheizten Ofens. Herausnehmen.
3. Quark und alle Zutaten bis und mit Salz mischen, mit den Tätschli und dem Nüsslisalat anrichten.

**Portion:** 464 kcal, F 15 g, Kh 57 g, E 22 g

# Randen-Carpaccio mit Roastbeef

Vor- und zubereiten: ca. 25 Min.
Vorspeise für 4 Personen

---

**1 EL grobkörniger Senf**
**2 EL Rotweinessig**
**4 EL Rapsöl**
**1 EL Wasser**
**50 g Baumnusskerne,** geröstet, fein gehackt
**Salz, Pfeffer,** nach Bedarf

---

**400 g farbige rohe Randen,** einige zarte Randenblätter beiseite gestellt, Randen fein gehobelt

---

**1 EL Bratbutter**
**1 Entrecôte double** (ca. 400 g; ca. 4 cm dick)
**½ TL Fleur de Sel**
**wenig Pfeffer**

---

1. Senf und alle Zutaten bis und mit Nüssen verrühren, würzen.
2. Randenscheiben auf Tellern auslegen, Sauce darüberträufeln.
3. Bratbutter in einer Bratpfanne heiss werden lassen. Fleisch würzen, rundum ca. 10 Min. braten. Fleisch quer zur Faser tranchieren, auf dem Carpaccio anrichten, mit Randenblättern garnieren.

**Portion:** 416 kcal, F 31 g, Kh 8 g, E 26 g

# Lachstatar mit Rettich

Vor- und zubereiten: ca. 25 Min.
Ziehen lassen: ca. 30 Min.
Apéro für 4 Personen

**500 g Rettich,** grob gerieben
**¼ TL Salz**

**120 g geräuchertes Lachsrückenfilet,** in Würfeli
**100 g Crème fraîche**
**Salz, Pfeffer,** nach Bedarf
**8 dunkle Knäckebrote** (ca. 200 g)
**1 EL Kerbel,** zerzupft

**2 EL Senf**
**1 EL flüssiger Honig**

1. Rettich und Salz in einem Sieb mischen, ca. 30 Min. ziehen lassen. Rettich gut ausdrücken, in eine Schüssel geben.
2. Lachs und Crème fraîche beigeben, mischen würzen. Tatar auf die Knäckebrote verteilen, Kerbel darüberstreuen.
3. Senf und Honig verrühren, darüberträufeln.

**Portion:** 350 kcal, F 13 g, Kh 40 g, E 14 g

# Rindsvoressen mit Rettich

Vor- und zubereiten: ca. 25 Min.
Schmoren: ca. 1¾ Std.
Hauptgericht für 4 Personen

| | |
|---|---|
| | **Bratbutter** zum Braten |
| **800g** | **Rindsvoressen** (z.B. Schulter) |
| **2 EL** | **Mehl** |
| **¾ TL** | **Salz** |
| **wenig** | **Pfeffer** |
| **500g** | **Rettich,** längs halbiert, in ca. 2cm dicken Scheiben |
| **4** | **Schalotten,** halbiert |
| **1 dl** | **dunkles Bier** |
| **2 dl** | **Fleischbouillon** |
| **1** | **Nelke** |
| **2** | **Zweiglein Majoran** |
| **2 EL** | **Quittengelee** |

1. Wenig Bratbutter im Brattopf heiss werden lassen. Fleisch portionenweise je ca. 2 Min. anbraten, herausnehmen, mit wenig Mehl bestäuben, würzen. Bratfett auftupfen, evtl. wenig Bratbutter beigeben.
2. Rettich und Schalotten ca. 5 Min. anbraten, Hitze reduzieren. Bier dazugiessen, auf die Hälfte einköcheln. Bouillon, Nelke und Majoran beigeben, aufkochen. Hitze reduzieren, Fleisch wieder beigeben, zugedeckt bei kleiner Hitze ca. 1¾ Std. schmoren. Pfanne von der Platte nehmen. Quittengelee darunterrühren.

**Dazu passen:** Spätzli, Brezen.

**Portion:** 307 kcal, F 7 g, Kh 12 g, E 44 g

# Rüebli

**Aufbewahren**

Rüebli aus dem Plastikbeutel nehmen, in der Gemüseschublade des Kühlschranks aufbewahren. Haltbarkeit: ca. 1 Woche.

**Rüsten**

Rüebli waschen, gut trocken tupfen, schälen, Schale für Gemüsechips verwenden: Schale kurz im heissen Öl frittieren, auf Haushaltpapier abtropfen, salzen. Passt zu Fisch, Salat und als Apéro.

**Tipps**

- Rüeblischalen im Dörrautomaten dörren, im Cutter fein mahlen. Dunkel und trocken gut verschlossen in einem Glas aufbewahren. Zum Aromatisieren von Salaten, Saucen, Suppen, Mayonnaise.
- Violette Rüebli am Stück dämpfen, nach dem Dämpfen in Scheiben schneiden. So leuchtet die Farbe besonders schön.
- Gemischte bunte Rüebli verleihen jedem Gericht optisch und geschmacklich eine raffinierte Note.
- Rüebli werden beim Kochen kaum gar, wenn sie zusammen mit Säure (z. B. Orangensaft, Wein, Essig) gekocht werden. Daher können sie bei Schmorgerichten wie zum Beispiel Schmorbraten sehr lange mitgekocht werden.

# Rüebli-Tätschli mit Joghurt

Vor- und zubereiten: ca. 20 Min.
Backen: ca. 20 Min.
Hauptgericht für 4 Personen

---

**700 g Rüebli,** grob gerieben
**2 EL glattblättrige Petersilie,** fein geschnitten
**1 roter Chili,** entkernt, fein gehackt
**4 Datteln,** entsteint, in feinen Streifen
**3 Eier**
**4 EL Mehl**
**2 EL Rapsöl**
**¼ TL Kreuzkümmel**
**¾ TL Salz**

---

**180 g Joghurt nature**
**¼ TL Salz**

---

1. Rüebli und alle Zutaten bis und mit Salz in einer Schüssel mischen, von Hand gut kneten. Masse auf einem mit Backpapier belegten Blech zu 12 Tätschli formen.
2. **Backen:** ca. 20 Min. in der Mitte des auf 200 Grad vorgeheizten Ofens. Herausnehmen.
3. Joghurt salzen, zu den Tätschli servieren.

   **Dazu passt:** Basmatireis.

**Portion:** 251 kcal, F 12 g, Kh 23 g, E 9 g

# Bunte Rüebli mit Lachs

Vor- und zubereiten: ca. 35 Min.
Backen: ca. 30 Min.
Hauptgericht für 4 Personen

**1 Stück Bratschlauch** (ca. 60 cm)
**800 g farbige Rüebli,** schräg in ca. 1½ cm dicken Scheiben
**je 2 Zweiglein Rosmarin** und **Thymian**
**1 Knoblauchzehe,** in Scheibchen
**50 g Butter,** in Stücken
**2 TL Zucker**
**¾ TL Salz**
**wenig Pfeffer**

**4 Lachsfilets ohne Haut** (Bio, je ca. 150 g)
**¾ TL Fleur de Sel**
**wenig Pfeffer**

**4 EL Pinienkerne,** geröstet
**1 Bio-Orange,** wenig abgeriebene Schale
**wenig Fleur de Sel**

1. Bratschlauch auf einer Seite nach Angabe auf der Verpackung verschliessen. Rüebli und alle Zutaten bis und mit Pfeffer in den Bratschlauch geben, nach Angabe auf der Verpackung verschliessen. Bratschlauch schütteln, auf ein mit Backpapier belegtes Blech legen.
2. **Backen:** ca. 20 Min. in der Mitte des auf 200 Grad vorgeheizten Ofens. Fisch würzen, neben dem Bratbeutel aufs Blech legen, ca. 10 Min. fertig backen. Herausnehmen.
3. Gemüse mit dem Fisch anrichten. Pinienkerne, Orangenschale und Fleur de Sel darüberstreuen.

**Portion:** 557 kcal, F 37 g, Kh 17 g, E 35 g

# Rüebli-Hotdog

Vor- und zubereiten: ca. 35 Min.
Ziehen lassen: ca. 30 Min.
Hauptgericht für 4 Personen

---

**200 g Rüebli,** fein gerieben
**200 g Rotkabis,** in feinen Streifen
**1 dl Weissweinessig**
**½ dl Wasser**
**¾ TL Salz**
**1 EL Zucker**

---

**4 kleine Rüebli**
**2 dl Gemüsebouillon**
**4 Tranchen Bratspeck**
**1 EL Bratbutter**

---

**4 Brötli** (z. B. Frischback-Mini-Pagnol, je ca. 110 g, aufgebacken), längs aufgeschnitten
**1 Bund Koriander** oder glattblättrige Petersilie, zerzupft

---

**200 g Crème fraîche**
**1 EL grobkörniger Senf**
**1 hart gekochtes Ei,** in Würfeli
**¼ TL Salz**
**wenig Pfeffer**

---

1. Rüebli und Kabis in eine Schüssel geben. Essig und Wasser mit Salz und Zucker aufkochen, über das Gemüse giessen, zugedeckt ca. 30 Min. ziehen lassen, abtropfen.
2. Rüebli und Bouillon in eine Bratpfanne geben, zugedeckt ca. 12 Min. knapp weich köcheln. Rüebli herausnehmen, abtropfen, mit Speck umwickeln. Bratpfanne ausreiben. Bratbutter in derselben Bratpfanne heiss werden lassen, Speckrüebli rundum ca. 4 Min. braten.
3. Rüebli-Kabis-Salat und Speck-Rüebli in die Brote legen, Koriander darüberstreuen.
4. Crème fraîche und alle Zutaten bis und mit Pfeffer mischen, auf die Füllung geben.

**Portion:** 665 kcal, F 30 g, Kh 70 g, E 20 g

# Waldorfsalat

Vor- und zubereiten: ca. 25 Min.
Vorspeise für 4 Personen

**60 g Baumnusskerne**
**1 EL Zucker**

**1 EL milder Senf**
**3 EL Apfelessig**
**3 EL Rapsöl**
**4 EL Mayonnaise**
**½ TL Salz**
**wenig Pfeffer**
**500 g Sellerie,** fein gerieben
**1 Bund Petersilie,** grob geschnitten

**4 säuerliche Äpfel** (z. B. Braeburn), in sehr feinen Scheiben

1. Nüsse mit dem Zucker in einer Pfanne bei mittlerer Hitze rösten, bis der Zucker geschmolzen ist. Auf einem Backpapier verteilen, auskühlen.
2. Senf und alle Zutaten bis und mit Pfeffer verrühren. Sellerie und Petersilie beigeben, gut mischen.
3. Salat mit den Apfelscheiben und den Nüssen anrichten.

**Portion:** 403 kcal, F 34 g, Kh 11 g, E 7 g

# Selleriesuppe mit Würstli

Vor- und zubereiten: ca. 25 Min.
Ergibt ca. 2 Liter
Hauptgericht für 4 Personen

**1 EL Olivenöl**
**1 Zwiebel,** in feinen Streifen
**600 g Sellerie,** in ca. 1 cm grossen Würfeln
**3 Stängel Zitronengras,** gequetscht
**120 g Langkornreis** (z. B. Parboiled)

**1¼ l Fleischbouillon**
**1 dl Halbrahm**
**8 Rauchwürstli,** in Rugeli
**3 EL Schnittlauch,** fein geschnitten

1. Öl in einer Pfanne warm werden lassen. Zwiebel, Sellerie und Zitronengras andämpfen. Reis beigeben, kurz mitdünsten.
2. Bouillon dazugiessen, aufkochen. Hitze reduzieren, ca. 15 Min. köcheln. Zitronengras entfernen. Rahm und Würstli beigeben, heiss werden lassen. Schnittlauch darüberstreuen.

**Portion:** 432 kcal, F 21 g, Kh 30 g, E 25 g

# Balsamico-Schalotten

Vor- und zubereiten: ca. 25 Min.
Für 1 Einmachglas von ca. 5 dl, heiss abgespült
Beilage für 4 Personen

**750 g kleine Schalotten**
**1 dl Weisswein**
**2 EL Zucker**
**1 TL gemischte Pfefferkörner** (z. B. Exotic)
**1 TL Koriandersamen**
**1 TL Salz**

**3 dl Aceto balsamico bianco**
**1 EL Kirsch**
**2 EL Zucker**
**½ TL Salz**

1. Schalotten und alle Zutaten bis und mit Salz in einer Pfanne mischen, aufkochen. Hitze reduzieren, bei mittlerer Hitze ca. 15 Min. kochen. Schalotten herausnehmen, in das vorbereitete Glas geben.
2. Aceto, Kirsch, Zucker und Salz zum Sud geben, nochmals aufkochen, siedend heiss bis zum Überlaufen über die Schalotten giessen. Glas sofort verschliessen, auf einem Tuch auskühlen.

**Tipp:** Zusammen mit einem feinen Raclettekäse verschenken.

**Haltbarkeit:** Kühl und dunkel ca. 6 Monate. Einmal geöffnet, das Glas im Kühlschrank aufbewahren und rasch konsumieren.

**100 g:** 159 kcal, F 0 g, Kh 32 g, E 2 g

# Zwiebel-Tarte

Vor- und zubereiten: ca. 20 Min.
Backen: ca. 30 Min.
Für das Backblech «della Nonna» (ca. 10×35 cm), gefettet
Vorspeise für 4 Personen

---

**1 ausgewallter Kuchenteig** (ca. 25×42 cm)

---

**500 g kleinere Zwiebeln** (z. B. Schalotten, rote, weisse und gelbe Zwiebeln), in Schnitzchen
**1 EL Sanddorn-Brotaufstrich**
**1 EL Olivenöl**
**½ TL Salz**
**wenig Pfeffer**

---

**150 g Ziegenweichkäse** (z. B. Chavroux), in Scheiben
**1 EL Sanddorn-Brotaufstrich**
**1 EL Thymianblättchen**

---

1. Teig längs halbieren, eine Teighälfte ins vorbereitete Blech legen. Rand andrücken, Boden mit einer Gabel dicht einstechen. Blech auf ein mit Backpapier belegtes Blech stellen.
2. Zwiebeln und alle Zutaten bis und mit Pfeffer in einer Schüssel mischen, auf der freien Hälfte des Blechs verteilen.
3. **Backen:** ca. 20 Min. in der Mitte des auf 200 Grad vorgeheizten Ofens. Tarte herausnehmen, auf ein Gitter stellen. Zwiebeln ca. 10 Min. weiterbacken. Tarte aus der Form nehmen, Zwiebeln darauf verteilen.
4. Ziegenkäse, Sanddorn-Brotaufstrich und Thymian auf der Tarte verteilen.

**Tipp:** Restlichen Teig gut verpackt im Tiefkühler aufbewahren. Haltbarkeit: ca. 4 Wochen.

**Dazu passt:** Blattsalat.

**Portion:** 473 kcal, F 27 g, Kh 46 g, E 9 g

# Winter

# Catalogna mit Luganighe

Vor- und zubereiten: ca. 30 Min.
Hauptgericht für 4 Personen

**1 EL Olivenöl**
**1 Zwiebel,** fein gehackt
**1 Knoblauchzehe,** gepresst
**1 Catalogna** (ca. 600 g), Strunk entfernt, Rest in ca. 4 cm langen Stücken
**¾ dl Wasser**
**2 dl Saucen-Halbrahm**
**1 Bio-Zitrone,** nur ½ abgeriebene Schale
**¾ TL Salz**
**wenig Pfeffer**

**1 EL Olivenöl**
**4 Luganighe** (je ca. 110 g)

1. Öl in einer Pfanne warm werden lassen. Zwiebel und Knoblauch andämpfen, Catalogna kurz mitdämpfen. Wasser beigeben, offen ca. 15 Min. weiterdämpfen. Rahm und Zitronenschale beigeben, würzen, heiss werden lassen.
2. Öl in einer Bratpfanne heiss werden lassen. Hitze reduzieren, Luganighe rundum ca. 12 Min. braten, mit der Catalogna anrichten.

**Dazu passt:** Polenta, Trockenreis.

**Portion:** 475 kcal, F 40 g, Kh 5 g, E 24 g

# Safran-Chinakohl mit Lamm

Vor- und zubereiten: ca. 30 Min.
Hauptgericht für 4 Personen

**Bratbutter** zum Braten
**3 Lammnierstücke** (ca. 600 g)
**½ TL Salz**
**wenig Pfeffer**

**1 Zwiebel,** in Streifen
**700 g Chinakohl,** in ca. 2 cm breiten Streifen
**einige Safranfäden**
**2 EL Wasser**
**¾ TL Salz**
**wenig Pfeffer**
**2 EL getrocknete Cranberrys**

**1 EL Thymianblättchen**

1. Bratbutter in einer weiten Bratpfanne heiss werden lassen. Fleisch beidseitig je ca. 3 Min. braten, herausnehmen, würzen, zugedeckt ca. 15 Min. ruhen lassen. Hitze reduzieren, Bratfett auftupfen, wenig Bratbutter beigeben.
2. Zwiebel andämpfen. Chinakohl und Safran kurz mitdämpfen. Wasser beigeben, zugedeckt ca. 15 Min. knapp weich dämpfen, würzen, Cranberrys daruntermischen.
3. Lamm tranchieren, mit dem Chinakohl anrichten, Thymian darüberstreuen.

**Dazu passen:** Bratkartoffeln.

**Portion:** 270 kcal, F 9 g, Kh 7 g, E 35 g

# Cicorino

**Aufbewahren**

Trevisano, Tardivo und Cicorino verde halten sich 2–3 Tage, weisser und roter Chicorée bis zu einer Woche in der Gemüseschublade des Kühlschranks.

**Rüsten**

Bei allen Cicorino-Arten Blätter lösen, ganze Blätter waschen, erst dann zerzupfen oder in Streifen schneiden.

**Tipps**

- Bei den meisten Cicorino-Arten lösen sich die Blätter von selbst, sobald der Strunk herausgeschnitten wird.
- Chicorée, Cicorino rosso und Trevisano schmecken roh, gebraten und grilliert, die roten Sorten eignen sich auch für einen Risotto. Die Bitterstoffe im Gemüse sind sehr bekömmlich für die Gesundheit. Wer den Geschmack nicht so mag, kann mit wenig Zucker, Honig oder Crema di Balsamico dem Cicorino die Bitterkeit nehmen.

# Spaghetti mit Cicorino rosso

Vor- und zubereiten: ca. 25 Min.
Hauptgericht für 4 Personen

**500 g Spaghetti**
**Salzwasser,** siedend

**3 EL Olivenöl**
**2 Knoblauchzehen,** in Scheibchen
**500 g Cicorino rosso,** in Streifen
**3 EL roter Portwein**
**½ TL Salz**
**wenig Pfeffer**

**50 g Parmesan,** mit dem Sparschäler in Streifen geschält

1. Spaghetti im Salzwasser al dente kochen, ca. 2 dl Kochwasser beiseite stellen. Spaghetti abtropfen, zurück in die Pfanne geben.
2. Öl in einer beschichteten Bratpfanne heiss werden lassen. Knoblauch und Cicorino kurz anbraten, Portwein beigeben, würzen.
3. Teigwaren mit dem beiseite gestellten Kochwasser mischen, anrichten. Cicorino und Käse darauf verteilen.

**Portion:** 629 kcal, F 16 g, Kh 91 g, E 23 g

# Radicchio Trevisano mit Leberli

Vor- und zubereiten: ca. 20 Min.
Backen: ca. 20 Min.
Für eine ofenfeste Form
von ca. 3 Litern
Hauptgericht für 4 Personen

**700 g Radicchio Trevisano,** längs halbiert
**3 EL flüssiger Honig**
**4 EL Olivenöl**
**100 g Cashew-Nüsse**
**¾ TL Salz**
**wenig Pfeffer**

**50 g Speckwürfeli**
**1 Schalotte,** fein gehackt

**Öl** zum Braten
**400 g geschnetzelte Kalbsleber**

**3 EL weisser Portwein**
**20 g Butter,** kalt, in Stücken
**½ TL Salz**
**wenig Pfeffer**
**3 EL glattblättrige Petersilie,** grob geschnitten

1. Radicchio in die Form legen. Honig und alle Zutaten bis und mit Pfeffer mischen, auf dem Radicchio verteilen.
2. **Backen:** ca. 20 Min. in der Mitte des auf 200 Grad vorgeheizten Ofens.
3. Speck mit der Schalotte in einer weiten Bratpfanne ohne Fett langsam knusprig braten, herausnehmen.
4. Wenig Öl in derselben Pfanne heiss werden lassen. Leber portionenweise je ca. 2 Min. braten, herausnehmen.
5. Portwein in dieselbe Pfanne geben, Bratsatz lösen, aufkochen, auf die Hälfte einkochen. Pfanne von der Platte nehmen, Butter darunterrühren, würzen. Leber und Speck wieder beigeben, nur noch warm werden lassen. Leber auf dem Radicchio verteilen, Petersilie darüberstreuen.

**Tipp:** Statt Radicchio Trevisano Cicorino rosso oder Radicchio Trevisano tardivo verwenden.

**Dazu passt:** Polenta.

**Portion:** 599 kcal, F 38 g, Kh 30 g, E 29 g

# Chicorée-Piccata vom Blech

Vor- und zubereiten: ca. 15 Min.
Backen: ca. 20 Min.
Hauptgericht für 4 Personen

| | |
|---|---|
| **3** | **Eier** |
| **130 g** | **geriebener Gruyère** |
| **2 EL** | **Mehl** |
| **½ TL** | **Salz** |
| **wenig** | **Pfeffer** |
| **500 g** | **weisser und roter Chicorée,** längs geviertelt |
| **3 EL** | **ungesalzene geschälte Pistazien,** grob gehackt |

1. Eier und alle Zutaten bis und mit Pfeffer in einer Schüssel gut verrühren.
2. Chicorée mit etwas Abstand auf ein mit Backpapier belegtes Blech legen. Käsemasse darauf verteilen.
3. **Backen:** ca. 20 Min. in der Mitte des auf 200 Grad vorgeheizten Ofens. Herausnehmen, anrichten, Pistazien darüberstreuen.

**Dazu passt:** Zitronen-Risotto.

**Portion:** 269 kcal, F 19 g, Kh 6 g, E 17 g

# Bruschette mit Cicorino rosso

Vor- und zubereiten: ca. 15 Min.
Backen: ca. 25 Min.
Hauptgericht für 4 Personen

**800 g Cicorino rosso,** in ca. 2 cm breiten Streifen
**200 g Hinterschinken in Tranchen,** in ca. 2 cm breiten Streifen
**1 EL Olivenöl**
**1 TL Salz**

**4 Scheiben Brot** (z. B. Dinkelbrot, ca. 220 g)
**2 EL Olivenöl**

**1 EL Aceto balsamico**
**1 EL flüssiger Honig**

1. Cicorino, Schinken, Öl und Salz in einer Schüssel mischen, auf einem mit Backpapier belegten Blech verteilen.
2. **Backen:** ca. 15 Min. im auf 180 Grad vorgeheizten Ofen (Heissluft).
3. Brot mit dem Öl bestreichen, auf ein zweites Blech legen, in den Ofen schieben.
4. **Fertig backen:** ca. 10 Min. Alles herausnehmen. Cicorino auf die Brotscheiben verteilen. Aceto und Honig verrühren, darüberträufeln.

**Portion:** 343 kcal, F 11 g, Kh 38 g, E 19 g

# Tagliatelle mit Cima di rapa

vegan

Vor- und zubereiten: ca. 30 Min.
Hauptgericht für 4 Personen

**600 g Cima di rapa,** zähe Blätter entfernt

**350 g Teigwaren** (z. B. Tagliatelle)
**Salzwasser,** siedend

**2 EL Olivenöl**
**1 Knoblauchzehe,** in Scheibchen
**6 getrocknete Tomaten in Öl,** abgetropft, in Streifen
**1 roter Peperoncino,** in Ringen, entkernt
**1 Bio-Zitrone,** nur wenig abgeriebene Schale
**Salz, Pfeffer,** nach Bedarf

1. Stängel der Cima di rapa in ca. 2 cm lange Stücke, Blätter in ca. 1 cm breite Streifen schneiden, geschlossene Knospen evtl. halbieren.
2. Teigwaren im Salzwasser knapp al dente kochen, ca. 2 dl Kochwasser beiseite stellen. Teigwaren abtropfen.
3. Öl in derselben Pfanne warm werden lassen. Knoblauch, Tomaten und Peperoncino mit der Cima di rapa andämpfen. Beiseite gestelltes Kochwasser dazugiessen, ca. 10 Min. köcheln. Zitronenschale mit den Teigwaren beigeben, mischen, nur noch heiss werden lassen, würzen.

**Portion:** 420 kcal, F 8 g, Kh 73 g, E 16 g

**Süditalienerin mit Temperament: Cima di rapa**
Die Cima di rapa (auch Stängelkohl genannt) begeistert durch ihr zartbitteres Kohlaroma. Man isst die zarten Blätter und die noch geschlossenen Blüten, beides mit den Stielen. Statt Cima di rapa Wirz, in Streifen, verwenden.

# Federkohl & Co.

**Aufbewahren**

Federkohl in der Gemüseschublade im Kühlschrank aufbewahren und schnell aufbrauchen, durch zu lange Lagerung verliert er viel vom wertvollen Vitamin C.

**Rüsten**

Stiele und dicke Blattrippen mit einem Messer herausschneiden, grosse Blätter allenfalls nach dem Waschen in Streifen schneiden oder Blätter in mundgerechte Stücke zupfen.

**Tipps**

- Federkohl (Kale) ist sehr im Trend, zu Recht, denn das Gemüse enthält viel Vitamin C. Federkohl roh unter Salate mischen oder wie Spinat zubereiten.
- Er eignet sich auch für grüne Smoothies, dabei ist es wichtig, zuerst die Flüssigkeit ins Mixglas zu geben, erst dann den grob zerkleinerten Federkohl.
- Federkohl in Olivenöl mit 1 Knoblauchzehe, in Scheibchen, andämpfen, mit Salz und Pfeffer würzen. Als Beilage oder auf Spaghetti servieren. Zu den Spaghetti passt Reibkäse.

**Schlanke Knabberei: Kale-Chips**

200 g Federkohl, dicke Blattrippen herausgeschnitten, in Stücke gezupft, mit 2 EL Olivenöl und ¼ TL Salz mischen, auf einem mit Backpapier belegten Blech verteilen. Backen: ca. 30 Min. im auf 130 Grad vorgeheizten Ofen (Heissluft). Die Chips können ca. ½ Tag im Voraus zubereitet werden.

# Kale-Chips auf Roquefort-Polenta

Vor- und zubereiten: ca. 1 Std.
Backen: ca. 30 Min.
Beilage für 4 Personen

**1¼ l Gemüsebouillon**
**250 g grobkörniger Maisgriess** (Bramata)
**100 g Roquefort,** in Stücken
**25 g Butter**

**200 g Federkohl** (Kale), dicke Blattrippen herausgeschnitten, in ca. 3 cm grossen Stücken
**2 EL Olivenöl**
**4 EL gemahlene geschälte Mandeln**
**1 Knoblauchzehe,** gepresst
**¼ TL Salz**

1. Bouillon in einer Pfanne aufkochen. Maisgriess einrühren, Hitze reduzieren, unter häufigem Rühren bei kleinster Hitze ca. 50 Min. zu einem dicken Brei köcheln. Käse und Butter darunterrühren.
2. Federkohl und alle restlichen Zutaten in einer Schüssel mischen, auf einem mit Backpapier belegten Blech verteilen.
3. **Backen:** ca. 30 Min. im auf 130 Grad vorgeheizten Ofen (Heissluft). Herausnehmen, auf der Polenta anrichten.

**Passt zu:** Pilzragout.

**Portion:** 537 kcal, F 28 g, Kh 51 g, E 15 g

# Federkohlsuppe

Vor- und zubereiten: ca. 40 Min.
Vorspeise für 4 Personen

**1 EL Olivenöl**
**1 Zwiebel,** fein gehackt
**400 g Federkohl** (Kale), dicke Blattrippen herausgeschnitten, in feinen Streifen
**7 dl Gemüsebouillon**
**1½ dl Vollrahm**
**Salz, Pfeffer,** nach Bedarf

**8 Tranchen Bratspeck**

1. Öl in einer Pfanne warm werden lassen. Zwiebel andämpfen, Federkohl kurz mitdämpfen. Bouillon dazugiessen, aufkochen, zugedeckt bei mittlerer Hitze ca. 30 Min. köcheln. Rahm dazugiessen, Suppe im Mixglas pürieren, würzen.
2. Speck in einer Bratpfanne langsam knusprig braten, auf Haushaltpapier abtropfen, auf der Suppe anrichten.

**Tipp:** Suppe mit Kale-Chips garnieren.

**Portion:** 296 kcal, F 25 g, Kh 6 g, E 9 g

# Federkohl mit Saucisson

Vor- und zubereiten: ca. 50 Min.
Hauptgericht für 4 Personen

| | |
|---|---|
| 1 | **Waadtländer Saucisson** (ca. 350 g) |
| | **Wasser,** siedend |
| | **Öl** zum Braten |
| 400 g | **Kürbis** (z. B. Butternut), in ca. 1½ cm grossen Würfeln |
| 1 | **Knoblauchzehe,** gepresst |
| 2 dl | **Fleischbouillon** |
| 400 g | **Federkohl** (Kale), dicke Blattrippen herausgeschnitten, Blätter in Streifen |
| 1 EL | **Quittengelee** |
| | **Salz, Pfeffer,** nach Bedarf |

1. Einen Zahnstocher tief in die Saucisson stecken, diese ca. 40 Min. knapp unter dem Siedepunkt ziehen lassen.
2. Wenig Öl in einer weiten beschichteten Bratpfanne heiss werden lassen. Kürbis ca. 10 Min. rührbraten, herausnehmen, Hitze reduzieren. Wenig Öl beigeben, Knoblauch andämpfen. Bouillon dazugiessen, die Hälfte des Federkohls beigeben, zugedeckt zusammenfallen lassen. Restlichen Federkohl beigeben, zugedeckt zusammenfallen lassen, unter gelegentlichem Rühren ca. 30 Min. köcheln. Kürbis wieder beigeben, Quittengelee daruntermischen, würzen.
3. Saucisson in Scheiben schneiden, mit dem Federkohl anrichten.

**Dazu passen:** Salzkartoffeln.

**Portion:** 415 kcal, F 32 g, Kh 9 g, E 20 g

# Schwarzwurzeln & Co.

## Aufbewahren

Schwarzwurzeln in feuchtes Haushaltpapier einschlagen, im Kühlschrank aufbewahren. Petersilienwurzeln und Pastinaken in der Gemüseschublade des Kühlschranks aufbewahren.

## Rüsten

Eine grosse Schüssel mit Wasser füllen, Schwarzwurzeln unter Wasser schälen, halbieren oder in Stücke schneiden, sofort in Essig- oder Zitronenwasser (ca. 2 EL auf 1 Liter Wasser) legen, damit sie sich nicht braun verfärben.

## Tipps

- Blanchierte Schwarzwurzeln (ca. 3 Min.) sowie fertig zubereitete Pastinaken und Petersilienwurzeln lassen sich tiefkühlen. Haltbarkeit: ca. 6 Monate.
- Einen Teil der Kartoffeln durch Petersilienwurzeln ersetzen.
- Pastinaken und Petersilienwurzel eignen sich anstelle von oder als Ergänzung zu Rübeli für Schmorgerichte.

## Winterliches Ofengemüse

600 g Wintergemüse (z. B. Pastinaken, Petersilienwurzeln, Rüebli, Kürbis, Sellerie, Randen) in Stücke schneiden, mit 2 EL Olivenöl, ½ TL Salz und wenig Pfeffer mischen. Backen: ca. 30 Min. in der Mitte des auf 200 Grad vorgeheizten Ofens.

# Schwarzwurzelsuppe

Vor- und zubereiten: ca. 40 Min.
Ergibt ca. 1 Liter
Vorspeise für 4 Personen

**500 g Schwarzwurzeln**
**5 dl Wasser**
**2 EL Weissweinessig**

**1 EL Olivenöl**
**1 Zwiebel,** in feinen Streifen
**7½ dl Gemüsebouillon**
**1 dl Rahm**
**Salz, Pfeffer,** nach Bedarf

**1–2 Orangen**
**4 Holzspiesschen**
**2 EL gehackte Pistazien**

1. Schwarzwurzeln unter fliessendem Wasser gründlich abbürsten, im Wasser schälen, sofort ins Essigwasser legen. Schwarzwurzeln in kleine Stücke schneiden.
2. Öl in einer Pfanne warm werden lassen. Zwiebel andämpfen, Schwarzwurzeln kurz mitdämpfen. Bouillon dazugiessen, aufkochen, zugedeckt ca. 30 Min. weich köcheln. Rahm dazugiessen, Suppe pürieren, würzen.
3. Von der Orange Boden und Deckel, dann Schale ringsum bis auf das Fruchtfleisch wegschneiden. Fruchtfilets (Schnitze) mit einem scharfen Messer zwischen den weissen Häutchen herausschneiden. Orangenfilets an die Spiesschen stecken, in den Pistazien wenden, mit der Suppe anrichten.

**Portion:** 237 kcal, F 15 g, Kh 9 g, E 4 g

# Wurzel-Fries mit Tomaten-Dip

vegan

Vor- und zubereiten: ca. 45 Min.
Backen: ca. 25 Min.
Apéro für 4 Personen

**600 g Schwarzwurzeln**
**5 dl Wasser**
**2 EL Weissweinessig**

**500 g Pastinaken,** in ca. 12 cm langen Stängelchen
**2 EL Mehl**
**2 EL Olivenöl**
**2 TL Edelsüss-Paprika**
**1 TL Salz**
**wenig Pfeffer**

**1 EL Olivenöl**
**1 Zwiebel,** fein gehackt
**1 Dose gehackte Tomaten** (ca. 400 g)
**3 Passionsfrüchte,** Fruchtfleisch ausgelöst, kurz püriert, durch ein Sieb gestrichen
**1 EL Rohzucker**
**½ TL Salz**
**wenig Pfeffer**

1. Schwarzwurzeln unter fliessendem Wasser gründlich abbürsten, im Wasser schälen, sofort ins Essigwasser legen. Schwarzwurzeln je nach Dicke längs halbieren, in ca. 12 cm lange Stücke schneiden.
2. Schwarzwurzeln mit den Pastinaken und allen Zutaten bis und mit Pfeffer in einer Schüssel mischen, auf einem mit Backpapier belegten Blech verteilen.
3. **Backen:** ca. 25 Min. im auf 200 Grad vorgeheizten Ofen (Heissluft).
4. Öl in einer Pfanne warm werden lassen. Zwiebel andämpfen. Tomaten und alle restlichen Zutaten beigeben, ca. 15 Min. köcheln, pürieren. Dip zu den Wurzel-Fries servieren.

**Portion:** 281 kcal, F 10 g, Kh 28 g, E 5 g

# Petersilienwurzeln mit Rindsfilet

Vor- und zubereiten: ca. 25 Min
Backen: ca. 20 Min.
Hauptgericht für 4 Personen

---

600 g **Rindsfilet** (Mittelstück)
**Öl** zum Anbraten
wenig **Pfeffer**

---

600 g **dünne Petersilienwurzeln mit der Schale,** gut gewaschen
2 kg **grobkörniges Meersalz**
2 **Eiweisse,** verklopft

---

100 g **Butter,** weich
1 **Bio-Zitrone,** wenig abgeriebene Schale
½ Bund **glattblättrige Petersilie,** fein geschnitten

---

1. Fleisch ca. 30 Min. vor dem Anbraten aus dem Kühlschrank nehmen. Öl in einer Bratpfanne heiss werden lassen. Fleisch rundum ca. 3 Min. anbraten, erst wenden, wenn sich eine Kruste gebildet hat. Herausnehmen, auf ein mit Backpapier belegtes Blech legen, würzen. Fleischthermometer an der dicksten Stelle einstecken.
2. Petersilienwurzeln neben das Fleisch legen. Salz und Eiweisse mischen, Fleisch und Gemüse damit vollständig und gleichmässig einpacken, gut andrücken.
3. **Backen:** ca. 20 Min. in der unteren Hälfte des auf 220 Grad vorgeheizten Ofens. Die Kerntemperatur des Fleisches soll ca. 48 Grad betragen (siehe Hinweis). Herausnehmen, ca. 5 Min. ruhen lassen.
4. Butter, Zitronenschale und Petersilie mischen.
5. Die Salzkruste mit einem Esslöffel aufbrechen und abheben. Lose Salzkörner mit einem Pinsel vom Fleisch und vom Gemüse entfernen. Fleisch tranchieren, mit den Petersilienwurzeln und der Petersilienbutter servieren.

**Hinweis:** Das Fleisch gart unter der Salzkruste noch nach, darum das Filet bereits bei 48 Grad Kerntemperatur aus dem Ofen nehmen.

**Dazu passt:** Risotto.

**Portion:** 448 kcal, F 29 g, Kh 8 g, E 37 g

# Wurzelstampf mit Hackbällchen

Vor- und zubereiten: ca. 1 Std.
Hauptgericht für 4 Personen

**700 g Petersilienwurzeln,** 600 g davon in ca. 2 cm grossen Stücken, Rest längs in feinen Scheiben, beiseite gestellt
**600 g mehlig kochende Kartoffeln,** in ca. 2 cm grossen Stücken
**Salzwasser,** siedend
**50 g Butter,** in Stücken

**300 g Hackfleisch** (Rind und Schwein)
**100 g feine Haferflöckli**
**1 Zwiebel,** fein gehackt
**1 TL Salz**
**wenig Pfeffer**

**Olivenöl** zum Braten

**1½ EL Mehl**
**1½ EL Butter**
**5 dl Fleischbouillon**
**1 EL Tomatenpüree**
**Salz, Pfeffer,** nach Bedarf
**2 EL Petersilie,** grob geschnitten

**1.** Ofen auf 60 Grad vorheizen, Platte und Teller vorwärmen.

**2.** Petersilienwurzeln und Kartoffeln im Salzwasser ca. 15 Min. weich kochen, gut abtropfen. Gemüse mit der Butter zurück in die Pfanne geben, fein zerdrücken, warm stellen.

**3.** Hackfleisch und alle Zutaten bis und mit Pfeffer mischen, bis sich die Zutaten zu einer kompakten Masse verbinden. Masse zu 16 Kugeln formen.

**4.** 3 EL Öl in einer Bratpfanne heiss werden lassen. Hitze reduzieren. Beiseite gestellte Petersilienwurzelscheiben beidseitig je ca. 3 Min. braten, herausnehmen, auf Haushaltpapier abtropfen. Bratfett auftupfen.

**5.** Wenig Öl in derselben Pfanne heiss werden lassen. Hackbällchen portionenweise rundum ca. 5 Min. braten, herausnehmen, warm stellen. Pfanne ausreiben.

**6.** Mehl in derselben Pfanne ohne Fett hellbraun rösten, Butter daruntermischen. Bouillon dazugiessen, aufkochen, Tomatenpüree darunterrühren, ca. 10 Min. köcheln, würzen. Wurzelstampf mit den Hackbällchen und der Sauce anrichten, mit den Petersilienwurzelscheiben garnieren, Petersilie darüberstreuen.

**Portion:** 590 kcal, F 32 g, Kh 46 g, E 25 g

# Flammkuchen mit Pastinaken

Vor- und zubereiten: ca. 30 Min.
Backen: ca. 15 Min. pro Blech
Hauptgericht für 4 Personen

| | |
|---|---|
| **2** | **ausgewallte Flammkuchenteige** (je ca. 25×42 cm) |
| **250 g** | **Halbfettquark** |
| **80 g** | **geriebener Gruyère** |
| **700 g** | **Pastinaken,** längs in feinen Scheiben |
| **1 EL** | **Olivenöl** |
| **¾ TL** | **Salz** |
| **200 g** | **Rauchwurst,** in Stücken |
| **wenig** | **Pfeffer** |
| **1** | **Bio-Zitrone,** wenig abgeriebene Schale und 3 EL Saft |
| **3 EL** | **Petersilie,** fein geschnitten |

1. Teige entrollen, mit dem Backpapier auf zwei Bleche legen. Quark und Käse mischen, auf den Teigen verteilen.
2. Pastinaken, Öl und Salz mischen, auf die Teige legen. Rauchwurst darauf verteilen, würzen.
3. **Backen:** ca. 15 Min. auf der untersten Rille des auf 240 Grad vorgeheizten Ofens. Herausnehmen. Zweiten Flammkuchen gleich backen.
4. Zitronenschale und -saft mit der Petersilie auf den Flammkuchen verteilen.

**Portion:** 805 kcal, F 38 g, Kh 79 g, E 30 g

# Rosenkohl & Flower Sprouts

**Aufbewahren**

Beide Gemüsesorten in der Gemüseschublade des Kühlschranks aufbewahren, Flower Sprouts 2–3 Tage, Rosenkohl 4–5 Tage.

Rosenkohl und Flower Sprouts lassen sich blanchiert (ca. 3 Min.) tiefkühlen. Tipp: Damit die Farbe gut erhalten bleibt, 1 TL Natron auf ca. 3 Liter Wasser verwenden. Gemüse kurz in kaltes Wasser legen, gut abtropfen, gut verpackt tiefkühlen. Haltbarkeit: ca. 6 Monate.

**Rüsten**

Flower Sprouts frisch anschneiden und gut unter fliessendem Wasser waschen. Rosenkohl frisch anschneiden, braune Blätter entfernen, kurz abspülen.

**Tipps**

- Flower Sprouts ist eine neue Gemüsesorte, die durch die Kreuzung von Rosenkohl und Federkohl entstanden ist. Sie hat krause, intensiv grün-violette Blätter und schmeckt sowohl nach Rosenkohl als auch nach dem nussigen, leicht süsslichen Aroma des Federkohls. Flower Sprouts sind bis im März in grösseren Coop Supermärkten erhältlich.
- Einige Leute mögen die Bitterstoffe im Rosenkohl nicht. Unser Tipp hilft gegen Bitterkeit. Tipp: Strunk aus dem Rosenkohlkopf herausschneiden, sodass die Blätter lose abfallen. 1 Zwiebel in wenig Butter andämpfen, Rosenkohlblätter beigeben, weich dämpfen. Vor dem Servieren wenig Rahm beigeben, mit Salz und Pfeffer würzen, mischen.

# Flower Sprouts mit Spiegelei

Vor- und zubereiten: ca. 20 Min.
Hauptgericht für 4 Personen

**1 EL Bratbutter**
**1 Zwiebel,** fein gehackt
**600 g Flower Sprouts**
**3 EL Wasser**
**1 Bio-Zitrone,** wenig abgeriebene Schale und 1 EL Saft
**½ TL Salz**
**wenig Pfeffer**

**1 EL Bratbutter**
**4 frische Eier**
**wenig Fleur de Sel**
**50 g Baumnusskerne,** grob gehackt, geröstet

1. Bratbutter in einer weiten Pfanne warm werden lassen. Zwiebel andämpfen, Flower Sprouts kurz mitdämpfen. Wasser beigeben, zugedeckt ca. 10 Min. weich dämpfen. Zitronenschale und -saft beigeben, würzen.
2. Bratbutter in einer beschichteten Bratpfanne heiss werden lassen. Eier nacheinander aufschlagen, in die Pfanne gleiten lassen, bei mittlerer Hitze ca. 4 Min. braten, salzen. Flower Sprouts mit den Spiegeleiern anrichten, Nüsse darüberstreuen.

**Dazu passt:** getoastetes Brot.

**Portion:** 299 kcal, F 23 g, Kh 6 g, E 15 g

# Flower Sprouts im Backteig

Vor- und zubereiten: ca. 45 Min.
Quellen lassen: ca. 30 Min.
Apéro für 4 Personen

**250 g Flower Sprouts**
**Wasser,** siedend

**125 g Mehl**
**1 TL Kurkuma**
**¾ TL Salz**
**1½ dl Bier**
**2 Eiweisse**
**1 Prise Salz**

**Öl** zum Frittieren

**180 g Dessert Extrafin** (Sauermilch)
**1 EL grobkörniger Senf**
**Salz, Pfeffer,** nach Bedarf

1. Flower Sprouts ca. 1 Min. blanchieren, mit der Schaumkelle herausnehmen, kalt abspülen, abtropfen, trocken tupfen.
2. Mehl, Kurkuma und Salz in einer Schüssel mischen. Bier nach und nach unter Rühren mit dem Schwingbesen dazugiessen, Teig glatt rühren. Zugedeckt bei Raumtemperatur ca. 30 Min. quellen lassen. Kurz vor dem Backen Eiweisse mit dem Salz steif schlagen, sorgfältig unter den Teig ziehen.
3. Brattopf bis ⅓ Höhe mit Öl füllen, auf ca. 180 Grad erhitzen. Flower Sprouts portionenweise durch den Teig ziehen, etwas abtropfen, unter gelegentlichem Wenden ca. 4 Min. goldgelb frittieren. Herausnehmen, auf Haushaltpapier abtropfen.
4. Dessert Extrafin und Senf verrühren, würzen, zu den Flower Sprouts servieren.

**Portion:** 397 kcal, F 27 g, Kh 26 g, E 10 g

# Rosenkohl aus dem Ofen

Vor- und zubereiten: ca. 10 Min.
Backen: ca. 45 Min.
Für eine ofenfeste Form
von ca. 2 Litern
Beilage für 4 Personen

**600 g Rosenkohl**
**1 rote Zwiebel,** in Schnitzen
**120 g Bratspeck in Tranchen,** gedrittelt
**2 EL Olivenöl**
**½ TL Salz**
**wenig Pfeffer**
**3 EL Wasser**

1. Rosenkohl und alle Zutaten bis und mit Pfeffer in einer Schüssel mischen, in die Form geben. Wasser darüberträufeln, mit Alufolie zudecken.
2. **Backen:** ca. 45 Min. in der Mitte des auf 200 Grad vorgeheizten Ofens.

**Passt zu:** Wild, Spätzli.

**Portion:** 243 kcal, F 18 g, Kh 6 g, E 10 g

# Rosenkohlfladen

Vor- und zubereiten: ca. 25 Min.
Backen: ca. 15 Min.
Apéro für 4 Personen

| | |
|---|---|
| 300 g | **Rosenkohl,** in Blättern |
| | **Wasser,** siedend |
| 1 EL | **Olivenöl** |
| ¼ TL | **Salz** |
| wenig | **Pfeffer** |
| 1 | **ausgewallter Dinkel-Kuchenteig** (ca. 32 cm Ø) |
| 100 g | **Crème fraîche** |
| 60 g | **Bresaola,** in Streifen |

1. Rosenkohl ca. 1 Min. blanchieren, mit der Schaumkelle herausnehmen, kalt abspülen, abtropfen, trocken tupfen.
2. Rosenkohlblätter mit Öl, Salz und Pfeffer in einer Schüssel mischen.
3. Teig entrollen, mit dem Backpapier auf ein Blech legen, Crème fraîche und Rosenkohl darauf verteilen.
4. **Backen:** ca. 15 Min. auf der untersten Rille des auf 240 Grad vorgeheizten Ofens. Herausnehmen, Bresaola darauf verteilen.

**Portion:** 438 kcal, F 29 g, Kh 28 g, E 14 g

# Süsskartoffeln mit Aprikosen-Chutney

vegan

Vor- und zubereiten: ca. 25 Min.
Backen: ca. 20 Min.
Apéro für 4 Personen

**1 kg Süsskartoffeln mit der Schale,** in ca. 1½ cm breiten Schnitzen
**2 EL schwarzer Sesam**
**2 EL Olivenöl**
**1 TL Salz**
**wenig Pfeffer**

**1 EL Olivenöl**
**1 kleine Zwiebel,** in Streifen
**200 g tiefgekühlte Aprikosen,** angetaut, in Stücken
**1½ EL Rohzucker**
**½ EL Senfkörner**
**3 EL Wasser**
**2 EL milde Sojasauce**
**1 EL Weissweinessig** (Coop Qualité & Prix)

1. Süsskartoffeln und alle Zutaten bis und mit Pfeffer in einer Schüssel mischen, auf zwei mit Backpapier belegten Blechen verteilen.
2. **Backen:** ca. 20 Min. im auf 220 Grad vorgeheizten Ofen (Heissluft).
3. Öl in einer Pfanne warm werden lassen. Zwiebel und Aprikosen andämpfen. Zucker und alle restlichen Zutaten beigeben, zugedeckt ca. 15 Min. weich köcheln, pürieren. Chutney zu den Süsskartoffeln servieren.

**Portion:** 359 kcal, F 13 g, Kh 53 g, E 5 g

# Ofen-Süsskartoffeln mit Tsatsiki

Vor- und zubereiten: ca. 25 Min.
Backen: ca. 50 Min.
Hauptgericht für 4 Personen

**8 Süsskartoffeln**

**16 Tranchen Bratspeck**
**1 Bund Salbei**

**wenig Fleur de Sel**
**100 g Süsskartoffeln,** fein gerieben
**200 g Crème fraîche**
**1 Bio-Zitrone,** ½ abgeriebene Schale und 2 EL Saft
**½ TL Salz**

1. Süsskartoffeln auf ein Blech legen.
2. **Backen:** ca. 50 Min. in der Mitte des auf 220 Grad vorgeheizten Ofens.
3. Speck ohne Fett portionenweise in einer Bratpfanne langsam knusprig braten, Salbei beigeben, kurz mitbraten, herausnehmen, abtropfen.
4. Süsskartoffeln aufschneiden, Fleur de Sel darüberstreuen. Geriebene Süsskartoffel mit den restlichen Zutaten mischen, zu den Ofen-Süsskartoffeln servieren. Mit Speck und Salbei garnieren.

**Hinweis:** Süsskartoffeln können auch roh gegessen werden.

**Portion:** 711 kcal, F 35 g, Kh 84 g, E 12 g

# Topinambur & Stachys

**Aufbewahren**

Topinambur lassen sich roh, ungeschält, in Stücke geschnitten und gut verpackt tiefkühlen. Stachys vor dem Tiefkühlen ca. 1½ Min. blanchieren, abtropfen, trocken tupfen, gut verpackt tiefkühlen. Haltbarkeit: ca. 8 Monate.

**Rüsten**

Beide Gemüsesorten unter fliessendem Wasser mit einer Gemüsebürste gut putzen. Stachys haben eine dünne Schale und müssen nicht geschält werden.

Auch Topinambur müssen nicht geschält werden, sie sind jedoch geschält leichter verdaulich. Die leicht nussig schmeckenden Knollen sind langanhaltend sättigend, haben jedoch nur halb so viele Kalorien wie Kartoffeln.

**Tipps**

- Stachys sind ein sehr delikates Gemüse und erinnern im Geschmack an Artischocken.
- Der Geschmack von Topinambur erinnert ebenfalls an Artischocken, hat gleichzeitig aber noch ein nussiges Aroma.
- Beide Gemüsesorten eignen sich auch für Gratins.

# Topinambur-Suppe

Vor- und zubereiten: ca. 35 Min.
Ergibt ca. 1 Liter
Vorspeise für 4 Personen

**1 EL Olivenöl**
**1 Zwiebel,** in feinen Streifen
**350 g Topinambur,** geschält, in kleinen Stücken
**5½ dl Gemüsebouillon**
**1 dl Rahm**
**1 Bio-Orange,** nur ½ abgeriebene Schale
**Salz, Pfeffer,** nach Bedarf

---

**Öl** zum Braten
**100 g Topinambur,** in ca. 2 mm dicken Scheiben

1. Öl in einer Pfanne warm werden lassen. Zwiebel andämpfen, Topinambur kurz mitdämpfen. Bouillon dazugiessen, aufkochen, zugedeckt bei mittlerer Hitze ca. 30 Min. weich köcheln. Rahm dazugiessen, Orangenschale beigeben, Suppe pürieren, würzen.
2. Wenig Öl in einer beschichteten Bratpfanne heiss werden lassen. Topinambur portionenweise bei mittlerer Hitze langsam knusprig braten, auf Haushaltpapier abtropfen, auf der Suppe anrichten.

**Portion:** 187 kcal, F 16 g, Kh 6 g, E 3 g

# Stachys-Salat

vegan

Vor- und zubereiten: ca. 25 Min.
Vorspeise für 4 Personen

**1 EL Olivenöl**
**1 Zwiebel,** fein gehackt
**1 Knoblauchzehe,** gepresst
**500 g Stachys,** gut gewaschen
**½ dl Wasser**
**¼ TL Salz**

---

**1 TL milder Senf**
**2 EL Weissweinessig** (Coop Qualité & Prix)
**4 EL Olivenöl**
**3 EL Petersilie,** fein geschnitten
**¼ TL Salz**
**wenig Pfeffer**

---

**2 gekochte Randen,** in Scheiben

1. Öl in einer Pfanne warm werden lassen. Zwiebel und Knoblauch andämpfen. Stachys kurz mitdämpfen. Wasser beigeben, salzen, zugedeckt ca. 5 Min. weich dämpfen.
2. Senf und alle Zutaten bis und mit Pfeffer verrühren.
3. Randen mit den Stachys anrichten, Sauce darüberträufeln.

**Portion:** 215 kcal, F 16 g, Kh 12 g, E 4 g

# Green Pie

Vor- und zubereiten: ca. 10 Min.
Backen: ca. 30 Min.
Ergibt 2 Stück
Hauptgericht für 4 Personen

**150 g Frischkäse mit Knoblauch und Kräutern**
**1 Ei,** verklopft
**300 g tiefgekühlte Erbsli**
**250 g Jungspinat,** grob gehackt
**½ TL Salz**
**wenig Pfeffer**

**2 ausgewallte Kuchenteige** (je ca. 32 cm Ø)
**4 EL Pinienkerne**

1. Frischkäse und Ei in einer grossen Schüssel verrühren. Erbsli und Spinat daruntermischen, Füllung würzen.
2. Füllung auf die Teige verteilen, dabei einen Rand von je ca. 7 cm frei lassen. Pinienkerne über die Füllung streuen. Ränder nach innen einschlagen, Pies auf ein mit Backpapier belegtes Blech legen.

**Backen:** ca. 30 Min. in der unteren Hälfte des auf 220 Grad vorgeheizten Ofens.

**Portion (¼):** 807 kcal, F 47 g, Kh 68 g, E 22 g

# Spinat-Quesadillas

Vor- und zubereiten: ca. 1½ Std.
Ruhen lassen: ca. 30 Min.
Hauptgericht für 4 Personen

---

**250 g Mehl**
**½ TL Salz**
**50 g Winterspinat,** grob geschnitten
**1¼ dl Wasser**
**2 EL Olivenöl**

---

**Olivenöl** zum Backen

---

**1 EL Olivenöl**
**1 Zwiebel,** in Streifen
**1 Knoblauchzehe,** in Scheibchen
**700 g Winterspinat,** grobe Stiele entfernt, in Streifen
**¼ TL Kreuzkümmel**
**¾ TL Salz**
**wenig Pfeffer**

---

**200 g Cheddar,** grob gerieben

---

**1 Bund Koriander,** zerzupft
**½ Granatapfel,** Kerne ausgelöst

---

1. Mehl und Salz in eine Schüssel geben, mischen. Spinat mit dem Wasser und dem Öl pürieren, zum Mehl geben, zu einem weichen glatten Teig kneten. Zugedeckt ca. 30 Min. ruhen lassen.
2. Ofen auf 60 Grad vorheizen. Platte und Teller vorwärmen.
3. Teig zu 8 Kugeln formen, auf wenig Mehl zu Fladen von je ca. 18 cm Ø auswallen. Wenig Öl in einer beschichteten Bratpfanne heiss werden lassen. Hitze reduzieren, Fladen nacheinander beidseitig je ca. 2 Min. backen, zugedeckt warm stellen.
4. Öl in einer Pfanne warm werden lassen. Zwiebel und Knoblauch andämpfen. Spinat nach und nach beigeben, zusammenfallen lassen, ca. 5 Min. mitdämpfen, würzen.
5. Eine Tortilla zurück in die Bratpfanne geben. ¼ des Käses und des Spinats darauf verteilen, eine Tortilla darauflegen, ca. 3 Min. warm werden lassen. Quesadilla warm stellen. Mit restlichen Tortillas, Käse und Spinat gleich verfahren.
6. Koriander und Granatapfelkerne über die Quesadillas streuen.

**Schneller:** Gekaufte Weizentortillas verwenden.

**Portion:** 597 kcal, F 31 g, Kh 50 g, E 25 g

# Gemüse-
# küche
# in der
# Praxis

# Von der Wurzel

## Weniger wegwerfen

Ein grosser Trend in der Küche heisst *leaf to root*. Dahinter steht die Idee, von der Wurzel bis zum Blatt von Pflanzen alles, was essbar ist, auch zu verwerten. Damit kann man in der eigenen Küche mithelfen, dass weniger Lebensmittel weggeworfen werden, und spart vielfach auch noch Zeit und Arbeit. Schon mit einfachen Dingen kann man so für die Umwelt und fürs eigene Portemonnaie Gutes tun.

## Bequemlichkeit lohnt sich

Beispielsweise können gewaschene Bundrüebli, Gurken oder Baby-Kartoffeln mit der Schale gegessen werden. Beim Broccoli den Strunk mit dem Sparschäler schälen, in Scheiben schneiden und mit den Röschen zubereiten. Auch einige Kürbissorten können samt Schale zubereitet werden (z. B. Butternut, Muscade, Oranger Knirps, Hokkaido).

# bis zum Blatt

## Essbare Blätter

Die Blätter von Randen, Kohlrabi und Radiesli werden gewohnheitsmässig weggeworfen, dabei sind sie essbar und schmackhaft. Junge, zarte Blätter unter einen Salat mischen, grössere Blätter wie Spinat mit Knoblauch oder Zwiebeln andämpfen. Fenchelgrün und Stangensellerieblätter sind wunderbare Würzkräuter. Fein geschnitten über Gemüse, Salate, Reis- oder Teigwarengerichte streuen.

## Ideen mit Gemüseschalen

Aus Kartoffelschalen lassen sich einfach Chips herstellen: Kartoffeln vor dem Schälen gut waschen. Kartoffelschale trocken tupfen, im heissen Öl kurz frittieren, mit einer Schaumkelle herausnehmen, Fleur de Sel darüberstreuen.

Spargelschalen im Dörrautomaten trocknen, im Cutter fein mahlen und unter einen Risotto mischen. Zwiebelschalen für Gemüsebouillon oder zum Eierfärben verwenden. Gemüseabschnitte und -schalen ergeben eine feine Gemüsebouillon (Rezept S. 292).

# Gemüsebouillon

**Aus Rüstabschnitten lässt sich ganz einfach eine wunderbare und vielseitig verwendbare Gemüsebouillon herstellen (z. B. für gedämpftes Gemüse, Saucen, Risotto).**

Vor- und zubereiten: ca. 80 Min.
Ergibt ca. 8 dl

| | |
|---|---|
| 1 | **Zwiebel mit der Schale,** halbiert |
| | **Öl** zum Andämpfen |
| 700 g | **Gemüseabschnitte** (siehe Hinweis) |
| 2 | **Lorbeerblätter** |
| | **Wasser,** kalt |
| 1 Bund | **Petersilie mit Stielen** |
| 3 | **Zweiglein Liebstöckel** oder andere Kräuter |
| ½ TL | **schwarze Pfefferkörner,** grob zerdrückt |

1. Zwiebel mit der Schnittfläche nach unten in einer grossen Pfanne ohne Fett dunkelbraun rösten, herausnehmen.
2. Öl in derselben Pfanne warm werden lassen. Gemüse unter Wenden ca. 10 Min. andämpfen. Lorbeer mit der Zwiebel beigeben.
3. Gemüse mit so viel Wasser übergiessen, dass es knapp damit bedeckt ist, aufkochen. Hitze reduzieren, offen ca. 45 Min. köcheln. Gelegentlich Wasser nachgiessen, sodass das Gemüse immer knapp mit Wasser bedeckt ist.
4. Petersilie und alle restlichen Zutaten beigeben, Bouillon auf der ausgeschalteten Platte ca. 15 Min. ziehen lassen.
5. Bouillon durch ein mit einem Tuch ausgelegtes, grosses Sieb giessen, abtropfen. Das Gemüse dabei nicht ausdrücken, da die Bouillon sonst trübe wird, auskühlen.

## Tipps

Salzen: Bouillon erst bei der Weiterverwendung salzen, so lässt sich die Bouillon besser aufbewahren. ½ EL Salz auf 1 Liter Bouillon verwenden.

Würzen/aromatisieren: Chili, entkernt, fein gehackt, Ingwer oder Meerrettich, fein gerieben, Zitronengras, fein gehackt, abgeriebene Zitronenschale.

Tiefkühlen: Bouillon portionenweise tiefkühlen (z. B. 1 dl, 2 dl, 5 dl, 1 l). Haltbarkeit: ca. 6 Monate. Gemüseschalen und Rüstabschnitte (siehe unten) laufend gut verpackt tiefkühlen, bis ausreichend Material für eine Bouillon vorhanden ist.

Passende Gemüsesorten: Bundwiebeln, Fenchel, Knoblauch, Kohlrabi, Lattich, Lauch, Pastinaken, Petersilienwurzel, Radiesli, Randen, Rüebli, Sellerie, Spargeln, Tomaten, Wirz, Zwiebeln.

Geeignete Rüstabschnitte: Schalen von Peperoni, Randen, Rüebli, Spargeln, Tomaten, Zwiebeln. Abschnitte von Bundzwiebeln, Fenchel, Lauch, Rüebli, Tomaten, Wirz, Zwiebel und Kräuterstiele.

bouillon

# Aromatisieren mit Butter (jeweils für 4 Personen)

**Gedämpftes Gemüse lässt sich schnell und einfach mit einer Kräuter- oder Gewürzbutter in eine Delikatesse verwandeln.**

## Grundrezept

Vor- und zubereiten: ca. 10 Min.

| | |
|---|---|
| **100 g** | **Butter,** weich |
| **¼–½ TL** | **Salz** |
| | **Kräuter** und/oder Gewürze |

1. Butter mit den Schwingbesen des Handrührgeräts ca. 2 Min. schaumig rühren.
2. Kräuter und/oder Gewürze darunterrühren, mit gedämpftem Gemüse nach Wahl mischen.

**Tipp:** Gesalzene Butter verwenden, Salz weglassen. Butter nach Geschmack pfeffern.

**Lässt sich vorbereiten:** Würzbutter 1 Tag im Voraus zubereiten, zugedeckt im Kühlschrank aufbewahren, ca. 15 Min. vor dem Servieren aus dem Kühlschrank nehmen.

**Portion ca.:** 207 kcal, F 23 g, Kh 0 g, E 0 g

## Inspirationen für Kräuter- und Gewürzbutter

Kräuterbutter: 100 g Butter verwenden, 1 TL Zitronensaft darunterrühren. Geeignete Kräuter (2 EL, auch in Mischung): Basilikum, Dill, Estragon, Kerbel, Koriander, Kresse, Majoran, (glattblättrige) Petersilie, Pfefferminze, Oregano, Rosmarin, Rucola, Sauerampfer, Schnittlauch, Thymian. Von den folgenden Kräutern nur wenig verwenden: Liebstöckel, Salbei, Zitronenmelisse, Oregano, Bärlauch.

Vanillebutter: 100 g Butter verwenden, mit 2 Msp. gemahlener Bio-Vanilleschote verrühren.

Senf-Honig-Butter: 100 g Butter verwenden, mit 1 EL Senf und 2 TL flüssigem Honig verrühren.

Knoblauch-Zitronen-Butter: 100 g Butter verwenden, 1 Knoblauchzehe, gepresst, 1 Bio-Zitrone, wenig abgeriebene Schale und 1 TL Saft, darunterrühren.

Aceto-balsamico-Butter: 100 g Butter verwenden, 1 EL Aceto balsamico nach und nach darunterrühren.

Thai-Curry-Butter: 100 g Butter verwenden, 1 TL grüne oder rote Currypaste darunterrühren.

Safranbutter: 100 g Butter verwenden, 1 Briefchen Safran mit 1 TL heissem Wasser verrühren, darunterrühren.

Meerrettichbutter: 100 g Butter verwenden, 1 EL Meerrettich, fein gerieben, darunterrühren.

# Aromatisieren mit Öl und Extras (jeweils für 4 Personen)

**Wertvolle Öle, pur oder verfeinert, sind in der Gemüseküche wertvolle Geschmacksverstärker mit gesundheitlichem Mehrwert und viel Potenzial für noch mehr Genuss.**

### Raffiniert würzen mit Ölen

- 3 EL/dl feines Olivenöl oder 2 EL Nussöl pur verwenden.
- Zimt-Kürbiskernöl: 3 EL Kürbiskernöl mit 1 Msp. Zimt verrühren, passt zu Wintergemüse.
- Kräuteröl: 1 dl Olivenöl in einen Messbecher geben, 3 EL Kräuter, grob geschnitten, beigeben, pürieren, mit gedämpftem Gemüse mischen.
  Geeignete Kräuter (pur oder gemischt): Basilikum, Dill, Estragon, Kerbel, Koriander, (glattblättrige) Petersilie, Pfefferminze, Rosmarin, Rucola, Thymian.
- Chiliöl: 1 dl Olivenöl mit 1 roten Chili, entkernt, fein gehackt, mischen.
- Tomatenöl: 1 dl Olivenöl mit 5 getrockneten Tomaten, in Streifen, pürieren.

### Extras zum Verfeinern

- 100 g Hüttenkäse oder 4 EL Crème fraîche
- 100 g Feta, zerbröckelt
- 4 EL Reibkäse (z. B. Sbrinz)
- 1 Landjäger, geschält, in Würfeli
- 1 Dose Sardellen (ca. 30 g), fein gehackt
- 2 Toastbrotscheiben, in Würfeli, in Butter geröstet
- geröstete Nüsse oder Kerne, grob gehackt
- 3 EL Kapern, grob gehackt
- 60 g entsteinte Oliven, grob gehackt
- 2 EL Meerrettich oder 1 EL Ingwer, fein gerieben
- 2 TL Lavendelhonig oder Ahornsirup

# Ideale Aromakombinationen

**Aromen können sich beissen oder aber miteinander harmonieren und sich gegenseitig unterstützen. Durch das raffinierte Würzen lassen sich die Aromen der einzelnen Gemüsesorten somit intensivieren oder vorteilhaft abrunden.**

Gemeinsam mit einer Sensorikerin haben wir exklusiv für Betty Bossi die 20 beliebtesten Gemüsesorten analysiert und von jedem Gemüse die aromatischen Hauptkomponenten bestimmt, das heisst eine sogenannte sensorische Basis erstellt.

Jedes Gemüse wurde daraufhin mit verschiedenen Kräutern und Gewürzen verkostet, um die harmonischsten Aromakombinationen herauszuschmecken. Auf den folgenden Seiten finden Sie für jede Saison Ihr Lieblingsgemüse mit je drei idealen Aromakombinationen; eine ist eher klassisch, die anderen beiden überraschend und inspirierend. Wir wünschen viel Spass beim Ausprobieren und Geniessen neuer Aromawelten.

**Dosierung**

Beim Würzen immer mit kleinen Mengen anfangen und probieren, damit Gewürze oder Kräuter den Eigengeschmack des Gemüses nicht überlagern. Die Angaben unten gelten für Hauptgerichte für 4 Personen.

- Kräuter, frisch: 2–4 EL
- Curry-/Lorbeerblätter: 1–2 Stück
- Blüten, getrocknet: 1 TL
- Lavendelblüten, getrocknet: ½ TL
- Gewürze, zerstossen oder gemahlen: ½–1 TL
- Sternanis, ganz: 1 Stück
- Vanillesamen: ¼ TL
- Zitrusfrüchte: ½ abgeriebene Schale
- Ingwer, fein gerieben: ca. 1 cm

Seite mit der Shortcut-Reader-App scannen und weitere Infos erhalten.

# Frühling

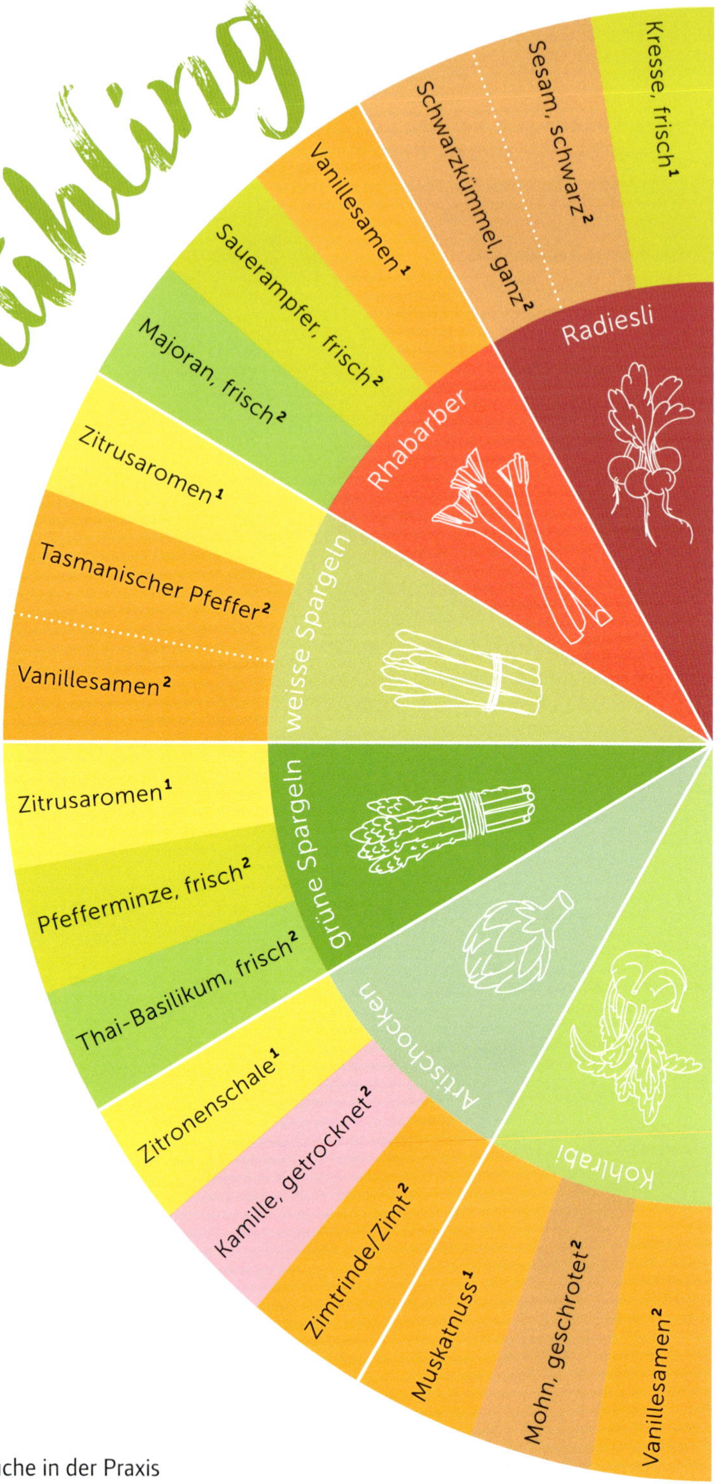


Aromafamilien:

- grasig
- krautig
- blumig
- zitrus
- nussig
- würzig

Kombinationen:

[1] klassisch

[2] inspirierend

# Sommer

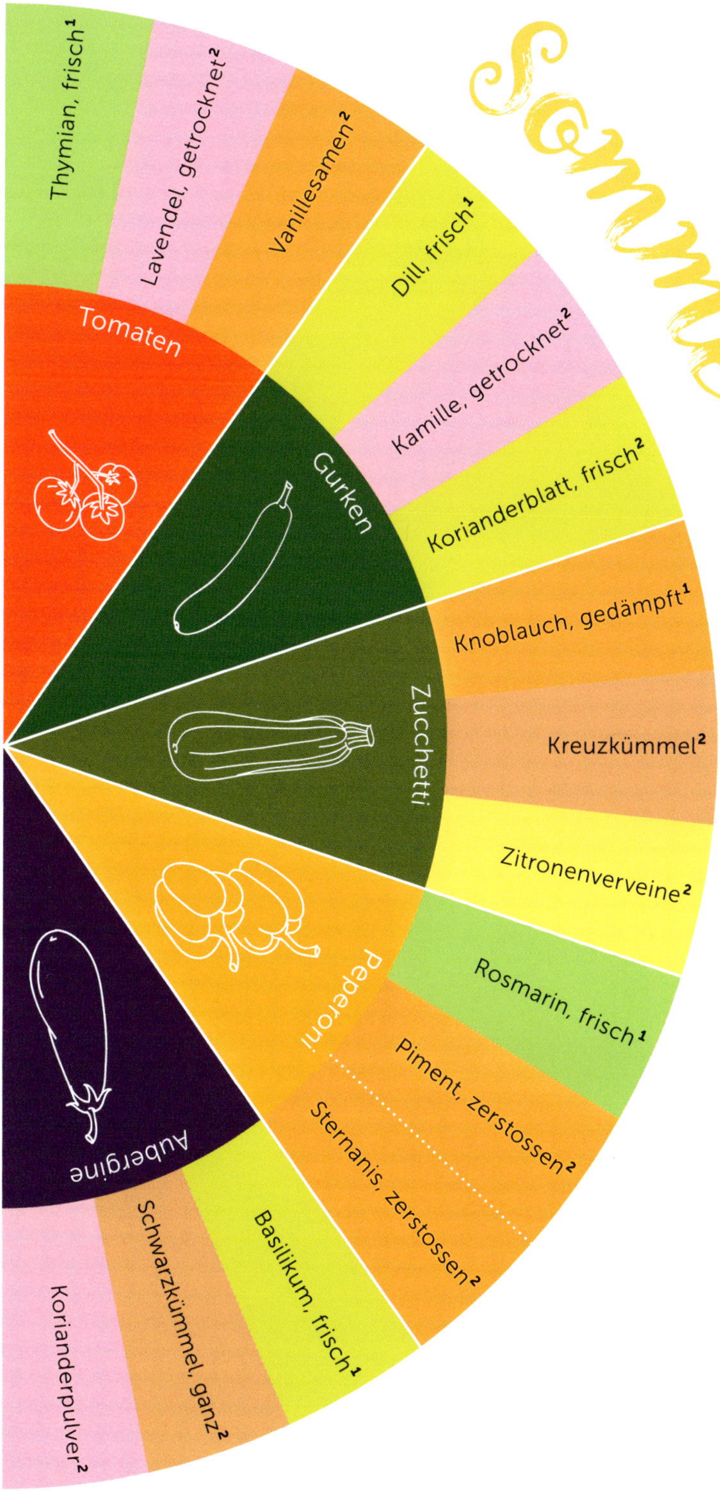
Tomaten
Thymian, frisch[1]
Lavendel, getrocknet[2]
Vanillesamen[2]
Gurken
Dill, frisch[1]
Kamille, getrocknet[2]
Korianderblatt, frisch[2]
Zucchetti
Knoblauch, gedämpft[1]
Kreuzkümmel[2]
Zitronenverveine[2]
Peperoni
Rosmarin, frisch[1]
Piment, zerstossen[2]
Sternanis, zerstossen[2]
Aubergine
Basilikum, frisch[1]
Schwarzkümmel, ganz[2]
Korianderpulver[2]

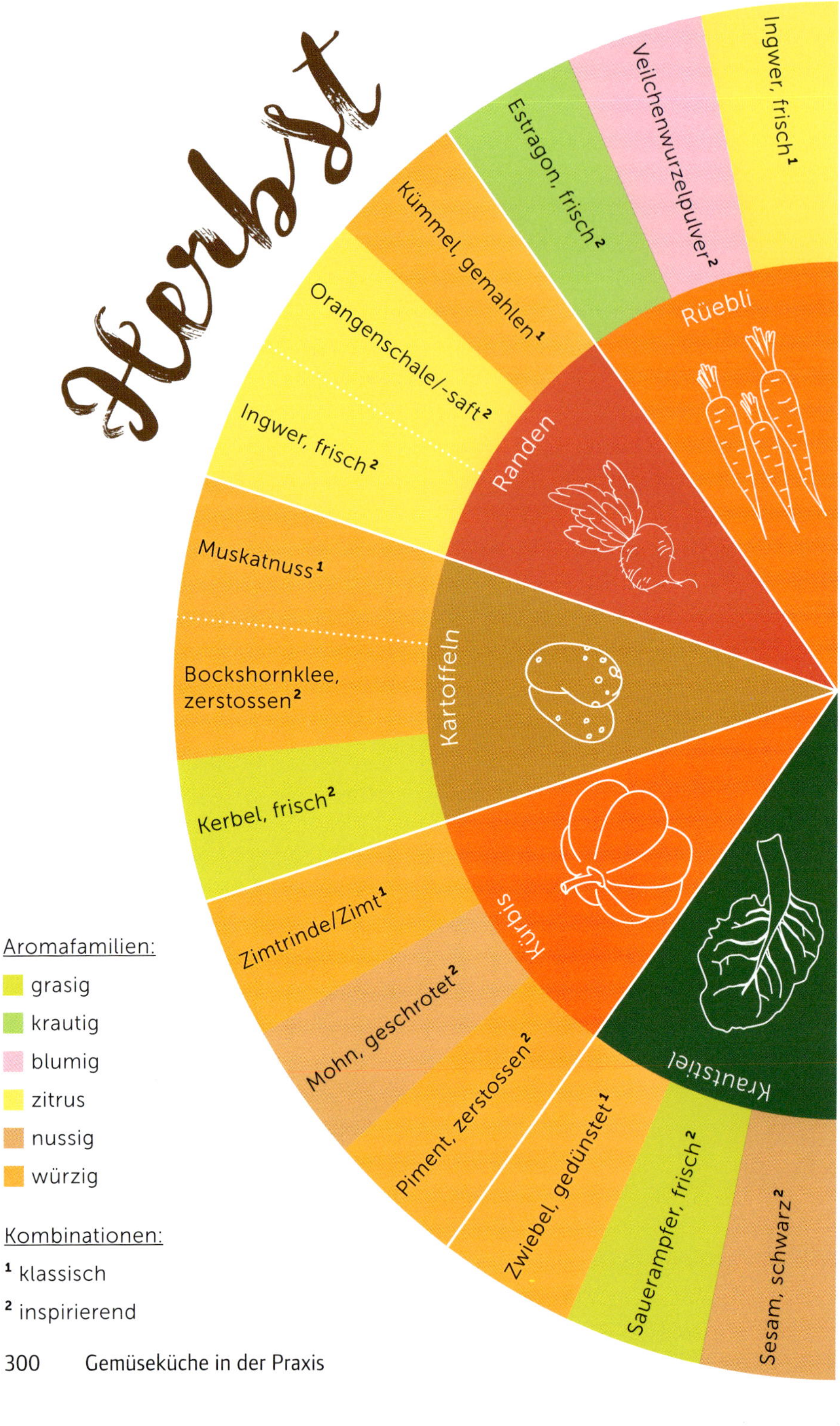
Herbst
Rüebli
Ingwer, frisch[1]
Veilchenwurzelpulver[2]
Estragon, frisch[2]
Randen
Kümmel, gemahlen[1]
Orangenschale/-saft[2]
Ingwer, frisch[2]
Kartoffeln
Muskatnuss[1]
Bockshornklee, zerstossen[2]
Kerbel, frisch[2]
Kürbis
Zimtrinde/Zimt[1]
Mohn, geschrotet[2]
Piment, zerstossen[2]
Krautstiel
Zwiebel, gedünstet[1]
Sauerampfer, frisch[2]
Sesam, schwarz[2]
Aromafamilien:
grasig
krautig
blumig
zitrus
nussig
würzig
Kombinationen:
[1] klassisch
[2] inspirierend

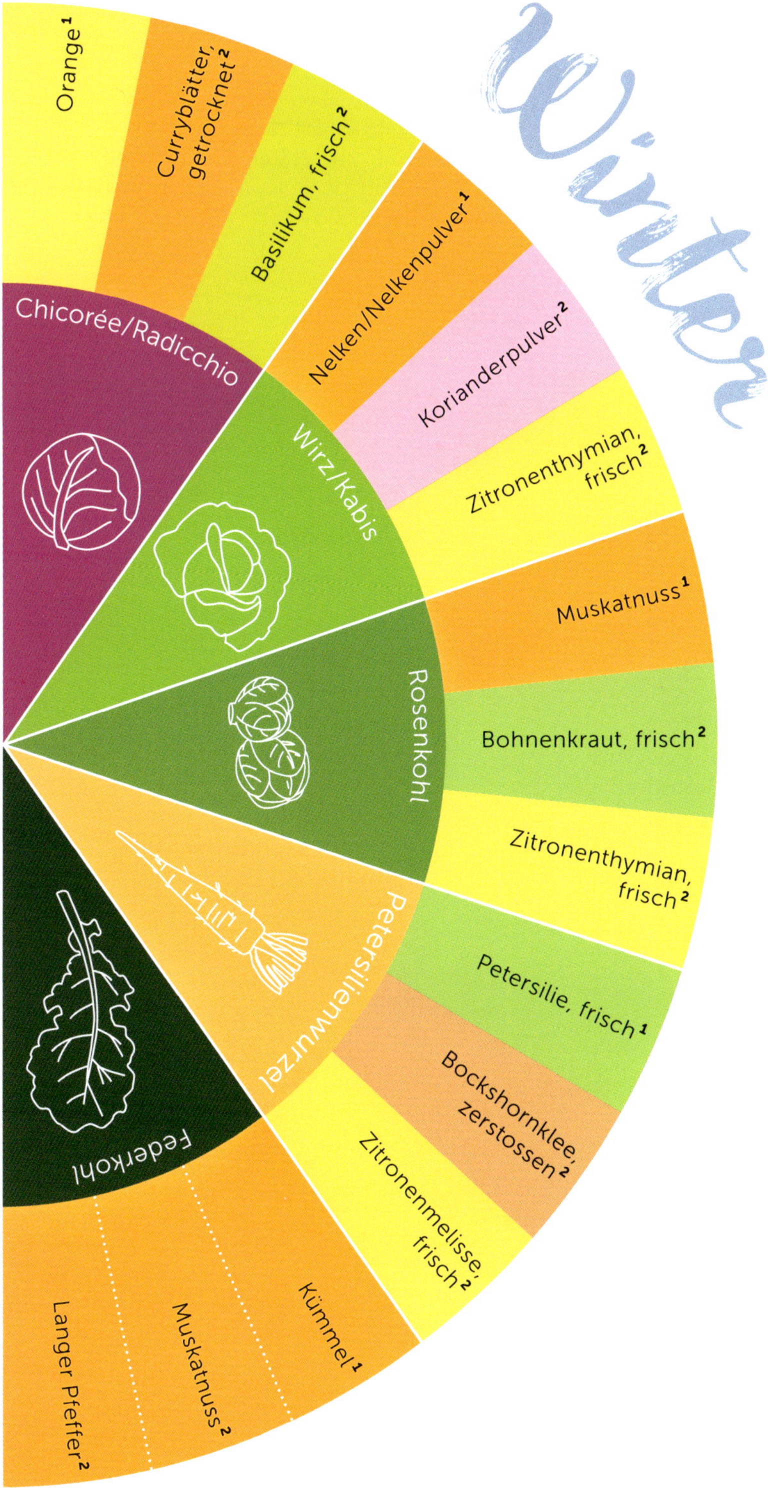
Winter
Chicorée/Radicchio
Orange[1]
Curryblätter, getrocknet[2]
Basilikum, frisch[2]
Wirz/Kabis
Nelken/Nelkenpulver[1]
Korianderpulver[2]
Zitronenthymian, frisch[2]
Rosenkohl
Muskatnuss[1]
Bohnenkraut, frisch[2]
Zitronenthymian, frisch[2]
Petersilienwurzel
Petersilie, frisch[1]
Bockshornklee, zerstossen[2]
Zitronenmelisse, frisch[2]
Federkohl
Kümmel[1]
Muskatnuss[2]
Langer Pfeffer[2]

# Tabelle mit den Zeiten fürs Dampfgaren

Dampfgargeräte funktionieren unterschiedlich. Einige Geräte zählen die Zeit bereits ab dem Einschalten, andere erst nach Erreichen der Temperatur. Daher variieren die Garzeiten. Wir haben die gängigen Modelle getestet und die Garzeiten in dieser Tabelle zusammengestellt.

| Zeitangaben in Minuten | **Mini Steamer** Betty Bossi | **Dämpfkörbchen** in der Pfanne | **Steamer-Gerät** (z. B. Electrolux, V-Zug) bei 100 Grad | **Miele Dampfgarer** bei 100 Grad |
|---|---|---|---|---|
| **Artischocken,** ganz, Boden flach angeschnitten, Blätter um ⅓ gekürzt | 30 | 30 | 40 | 20 |
| **Auberginen,** in ca. 2 cm grossen Würfeln | 20 | 20 | 20 | 15 |
| **Blumenkohl,** in Röschen | 25 | 25 | 20 | 8 |
| **Bohnen** | 30 | 25 | 35 | 10–12 |
| **Broccoli,** in Röschen | 15 | 15 | 15 | 3–4 |
| **Carciofini,** ganz, Boden flach angeschnitten, Blätter um ⅓ gekürzt | 17 | 15 | 20 | 15 |
| **Chinakohl,** in ca. 2 cm breiten Streifen | 15 | 15 | 15 | 3 |
| **Erbsli,** tiefgekühlt | 15 | 15 | 20 | 3 |
| **Federkohl,** in Streifen | 25 | 25 | 35 | 23–26 |
| **Fenchel,** geviertelt | 25 | 25 | 25 | 10–12 (halbiert) |
| **Flower Sprouts,** ganz | 18 | 17 | 12 | 8 |
| **Jungspinat,** Portion für 1 Person à 150 g | 10 | 5 | 10 | 1–2 |
| **Kabis (Rot- und Weisskabis),** gehobelt | 25 | 25 | 35 | 23–26 |
| **Kefen,** ganz | 15 | 10 | 25 | 5–7 |
| **Kohlrabi/Navet,** in ca. 1 cm dicken Stängeln | 20 | 20 | 25 | 6–7 |
| **Krautstiel/Mangoldblätter,** in ca. 2 cm breiten Streifen | 20 | 15 | 20 | 2–3 (in Blättern) |
| **Kürbis,** in ca. 2 cm grossen Würfeln | 20 | 10 | 20 | 2–4 |
| **Lauch,** in ca. 2 cm grossen Stücken | 30 | 25 | 30 | 4–5 |
| **Mais,** in ca. 5 cm grossen Stücken | 40 | 40 | 40 | 35 |

**Wichtige Hinweise:** Die Zeitangaben sind Richtwerte, bei grossen Gemüsemengen können sich die Zeiten verlängern. Bei Steamern zählt die Zeit sofort ab dem Einschalten des Geräts. Beim Miele Dampfgarer zählt die Zeit erst ab Erreichen der eingestellten Temperatur.

| Zeitangaben in Minuten | **Mini Steamer** Betty Bossi | **Dämpfkörbchen** in der Pfanne | **Steamer-Gerät** (z. B. Electrolux, V-Zug) bei 100 Grad | **Miele Dampfgarer** bei 100 Grad |
|---|---|---|---|---|
| **Raclette-Kartoffeln,** ganz | 30 | 25 | 30 | 18 |
| **Pastinaken,** in ca. 1 cm dicken Stängeln | 20 | 20 | 25 | 8 |
| **Peperoni,** in ca. 2 cm grossen Stücken | 25 | 25 | 20 | 2 |
| **Petersilienwurzel,** eher dünne, längs geviertelt | 20 | 20 | 30 | 12–16 |
| **Randen,** roh, ganz | 70 | 70 | 70 | 53–57 |
| **Romanesco,** in Röschen | 25 | 20 | 20 | 5–7 |
| **Rosenkohl,** ganz | 25 | 20 | 30 | 10–12 |
| **Rüebli,** in ca. 5 mm dicken Scheiben | 20 | 20 | 20 | 6 |
| **Schwarzwurzeln,** in ca. 4 cm langen Stücken | 40 | 40 | 40 | 25 |
| **Sellerie,** in ca. 1 cm grossen Würfeln | 20 | 20 | 20 | 6–7 |
| **Spargeln, grüne,** in ca. 4 cm langen Stücken | 15 | 15 | 15 | 7 |
| **Spargeln weisse,** in ca. 4 cm langen Stücken | 20 | 20 | 20 | 9–10 |
| **Stangensellerie,** in ca. 5 cm langen Stücken | 20 | 20 | 20 | 4–5 |
| **Süsskartoffeln,** in ca. 2 cm grossen Würfeln | 15 | 10 | 20 | 8 |
| **Tomaten,** halbiert | 15 | 15 | 15 | 12 |
| **Topinambur,** in ca. 2 cm grossen Würfeln | 40 | 40 | 45 | 35 |
| **Winterspinat,** ganz | 12 | 5 | 12 | 3 |
| **Wirz,** in ca. 2 cm breiten Streifen | 20 | 20 | 25 | 10–12 |
| **Zucchini,** in ca. 1 cm dicken Scheiben oder 2 cm grossen Würfeln | 15 | 15 | 15 | 2–3 |

# Saisonübersicht für Gemüse und Pilze

Heute sind viele Gemüsesorten das ganze Jahr hindurch erhältlich, sei es durch Import, durch Anbau in Gewächshäusern oder aus Hors-Sol-Produktion. Die folgende Liste zeigt, wann die inländischen Gemüsesorten im Handel erhältlich sind. Auch auf der Liste steht Gemüse, das längst fester Bestandteil der heutigen Ernährung ist, obwohl es im Inland nicht oder nur in kleinen Mengen gedeiht (z. B. Peperoni) und Pilze.

| | Januar | Februar | März | April | Mai | Juni | Juli | August | September | Oktober | November | Dezember |
|---|---|---|---|---|---|---|---|---|---|---|---|---|
| Artischocken | | | | | | | | ½ | x | x | | |
| Auberginen | | | | | | x | x | x | x | | | |
| Blumenkohl | | | | | x | x | x | x | x | x | x | |
| Bohnen | | | | | | | x | x | x | | | |
| Broccoli | | | | | | x | x | x | x | x | | |
| Bundrüebli | | | | | ½ | x | x | x | x | x | ½ | |
| Bundzwiebeln | | | | | | x | x | x | | | | |
| Chicorée | x | x | x | x | | | | | | | x | x |
| Chinakohl | (x) | | | | | | | x | x | x | x | (x) |
| Erbsli | | | | | | x | x | | | x | | |
| Federkohl | x | | | | | | | | | | x | x |
| Fenchel | | | | | | x | x | x | x | x | | |
| Gurken | | | | | x | x | x | x | x | | | |
| Herbstrüben | | | | | | | | | | x | x | |
| Jungknoblauch | | | | ½ | x | ½ | | | | | | |
| Kardy/Karden | x | | | | | | | | | | x | x |
| Kefen | | | | | | x | x | | | | | |
| Knoblauch | | | | | | | ½ | x | x | x | ½ | |
| Kohlrabi | | | | | x | x | x | x | x | x | | |
| Krautstiel | | | | x | x | x | x | x | x | x | | |
| Kürbis | x | | | | | | | x | x | x | x | x |
| Lauch | | | | x | | x | x | x | x | x | x | |

| | Januar | Februar | März | April | Mai | Juni | Juli | August | September | Oktober | November | Dezember |
|---|---|---|---|---|---|---|---|---|---|---|---|---|
| Mairüben | | | | ■ | ■ | | | | | | | |
| Mangold | | | | | ■ | ■ | ■ | ■ | ■ | ■ | | |
| Pastinaken | ■ | ■ | | | | | | | | ■ | ■ | ■ |
| Patissons | | | | | | | ■ | ■ | ■ | | | |
| Peperoni | | | | | | | ■ | ■ | ■ | | | |
| Randen | □ | □ | □ | □ | | | | ■ | ■ | ■ | ■ | □ |
| Romanesco | | | | | | ■ | ■ | ■ | ■ | | | |
| Rosenkohl | | | | | | | | | ■ | ■ | ■ | ■ |
| Rotkabis | □ | □ | □ | □ | | | ■ | ■ | ■ | ■ | ■ | □ |
| Rüebli | □ | □ | □ | □ | | ■ | ■ | ■ | ■ | ■ | ■ | □ |
| Schalotten | □ | □ | | | | ■ | ■ | ■ | ■ | □ | □ | □ |
| Schwarzwurzeln | □ | □ | □ | | | | | | | | ■ | ■ |
| Sellerie | □ | □ | □ | □ | | | | | ■ | ■ | ■ | □ |
| Spargeln grün und weiss | | | | | ■ | ■ | | | | | | |
| Spinat | | | | ■ | ■ | | | | | ■ | ■ | |
| Stangensellerie | | | | | | ■ | ■ | ■ | ■ | ■ | ■ | |
| Tomaten | | | | | | ■ | ■ | ■ | ■ | | | |
| Topinambur | ■ | ■ | ■ | | | | | | | | ■ | ■ |
| Weisskabis | □ | □ | □ | □ | | ■ | | | ■ | ■ | ■ | □ |
| Wirz | □ | □ | □ | □ | | ■ | ■ | ■ | ■ | ■ | ■□ | □ |
| Zucchini | | | | | | ■ | ■ | ■ | ■ | | | |
| Zuckermais | | | | | | | ■ | ■ | ■ | ■ | | |
| Zwiebeln | □ | □ | □ | □ | □ | ■ | ■ | ■ | ■ | □ | □ | □ |
| **Pilze** | | | | | | | | | | | | |
| Eierschwämme | | | | | ■ | ■ | ■ | ■ | ■ | ■ | ■ | |
| Morcheln | | | | ■ | ■ | | | | | | | |
| Steinpilze | | | | | | | | | ■ | ■ | ■ | |
| Zuchtpilze | ■ | ■ | ■ | ■ | ■ | ■ | ■ | ■ | ■ | ■ | ■ | ■ |

■ erntefrisch □ Lagergemüse

# Alphabetisches Rezeptverzeichnis

# Alphabetisches Rezeptverzeichnis

# Tipps, Informationen und Warenkunde

Alle Rezepte in diesem Buch sind, wo nicht anders vermerkt, für 4 Personen berechnet.

Massangaben
Alle in den Rezepten angegebenen Löffelmasse entsprechen dem Betty Bossi Messlöffel.

Nährwertberechnung
Wenn für Bratbutter oder Öl zum portionenweisen Anbraten in den Zutaten keine Menge angegeben ist, gehen wir von ½ Esslöffel pro Portion aus. Die Angabe dient zur Berechnung der Nährwerte.
Ist bei einer Zutat eine Alternative erwähnt, zum Beispiel Weisswein oder Bouillon, so wird immer die erstgenannte Zutat berechnet. Nur wenn Alkohol in einem Rezept vollständig eingekocht wird, enthält er keine Kalorien mehr. Wird er zur Hälfte eingekocht, enthält er die Hälfte an Kalorien, ansonsten wird er voll berechnet.

Ofentemperaturen
Gelten für das Backen mit Ober- und Unterhitze. Beim Backen mit Heissluft verringert sich die Back- bzw. Brattemperatur um ca. 20 Grad. Beachten Sie die Hinweise des Backofenherstellers.

Quellennachweis
Das im Buch abgebildete Geschirr und Besteck sowie die Dekorationen stammen aus Privatbesitz.

## GEMÜSELUST

**320 Seiten!**

Die neue, kreative Gemüseküche: eine Schlemmerreise durch alle Jahreszeiten mit farbenfrohen, gesunden und leckeren Gemüsegerichten – mit und ohne Fleisch.

> Art. 27100.998

## GESUND & SCHLANK BAND 4

**320 Seiten!**

Mit unserem Menüplan spielend 3 kg in nur 3 Wochen verlieren, sich dabei satt und vital fühlen. Dazu viele neue Rezepte mit Superfoods für weiteren Gewichtsverlust.

> Art. 27098.998

## PASTA

**320 Seiten!**

Pasta, von einfach bis luxuriös: One Pot Pasta, 60 schnelle Pastasaucen, tolle Pastagerichte, heiss Geliebtes aus dem Ofen und Pasta deluxe für Verwöhnmomente.

> Art. 27096.998

## BLECHKUCHEN & BROWNIES

Schnell den perfekten Kuchen für eine Party backen? Hier finden Sie die beliebtesten Blechkuchen, unwiderstehliche Tartes, die besten Cheesecakes und Brownies.

> Art. 27094.998

## GESUND & SCHLANK BAND 3

**320 Seiten!**

Gesunde Rezepte zum Abnehmen, in nur 30 Minuten servierbereit. Dank individueller Menükombination (Low-Carb, ausbalanciert oder vegetarisch) genussvoll abnehmen.

> Art. 27092.998

## HERZLICH EINGELADEN

**320 Seiten!**

Fingerfood, Vorspeisen, Hauptgerichte und Desserts – von unkompliziert bis gediegen. Viele Tipps und Tricks zum Vorbereiten und auch für vegetarische Varianten.

> Art. 27090.998

## SCHNELL & EINFACH

**224 Seiten!**

100 Lieblingsrezepte aus der Betty Bossi Zeitung. Die «schnell & einfach» – Rezepte sind in nur 30 Minuten zubereitet. 25 schnelle und feine Ideen für jede Jahreszeit.

> Art. 27088.998

## LUFTIG LEICHTE DESSERTS

Wunderbar leichte Dessertideen für jede Jahreszeit: samtige Cremen, luftige Mousses, Panna cotta, Puddings und Glacen zum Dahinschmelzen. Mit vielen Deko-Tipps.

> Art. 27082.998

## GESUND KOCHEN

Gut erhältliche Zutaten und schnelle Rezepte für viel ausgewogenen Genuss, auch im hektischen Alltag. Dazu praxisorientierte Tipps für einen gesunden Familienalltag.

> Art. 27080.998

## DIE NEUE FLEISCHKÜCHE

**320 Seiten!**

Das Standard-Werk mit vielen neuen Rezepten, bekannten und neuen Techniken: Schmoren, Niedergaren oder Braten, Räuchern, Garen in der Salzkruste oder im Heu, Confieren und Sous-vide.

> Art. 27078.998

## GESUND & SCHLANK BAND 2

**320 Seiten!**

Band 2 mit 320 Seiten bietet über 150 neue Rezepte zum Abnehmen mit Genuss: Frühstück, Lunch, Nachtessen und Desserts – für alle Jahreszeiten. Zusätzliche Unterstützung bietet der hilfreiche Ratgeberteil.

> Art. 27076.998

## KUCHENDUFT

**320 Seiten!**

Viele neue Rezepte für alle Jahreszeiten, jede Gelegenheit und jedes Talent: wunderbare Kuchen, Cakes und Torten. Dazu inspirierende Dekorationsideen und viele Tipps und Tricks, damit Ihre Kunstwerke sicher gelingen.

> Art. 27074.998

## LUSTVOLL VEGETARISCH

**320 Seiten!**

Heute kochen namhafte Köche fleischlose Gerichte auf höchstem Niveau – mit grossem Erfolg. Auch privat geniessen immer mehr Leute vegetarisch. Höchste Zeit also für ein umfangreiches Buch voller köstlicher Vegi-Ideen.

> Art. 27072.998

## LUST AUF WURST

Herrliche Gerichte mit Schweizer Würsten in vier Kapiteln: Fingerfood & Vorspeisen, Nostalgiegerichte, regionale Spezialitäten und deftig & wärmend. Dazu natürlich viele Tipps und Tricks rund um die Wurst.

> Art. 27070.998

## ECHT ITALIENISCH

**320 Seiten!**

Wir laden Sie ein zu einer kulinarischen Italienreise durch alle Regionen unseres südlichen Nachbarlandes. Es gibt neben heiss geliebten Traditionsrezepten auch viel Neues zu entdecken! Mediterrane Küche zum Schwelgen.

> Art. 27068.998

## TAKE 4

Die Idee: Mini-Einkauf, schnelle Zubereitung und viel Genuss. Das Resultat: schnelle, einfache Rezepte für Verwöhnmomente. Dazu eine clevere Vorratsliste auch für Haushalte, in denen nicht täglich gekocht wird.

> Art. 27066.998

## GESUND & SCHLANK BAND 1

Mit Genuss essen, satt werden und dabei erst noch gesund abnehmen. Mit den feinen und ausgewogenen Rezepten in diesem Buch zum persönlichen Wohlfühlgewicht. Zusätzliche Unterstützung bietet der hilfreiche Ratgeberteil.

> Art. 27064.998

## GRATINS & …

Lust auf einen heissen Flirt? Dann aufgepasst: Diese Gratins und Aufläufe verführen Sie nach allen Regeln der Kunst. Die Kapitel: die Schnellen, die Leichten, zum Vorbereiten, die Edlen (für Gäste) und Fixes vom Blech.

> Art. 27060.998

## BRUNCH

Tolle Ideen für Ihren Brunch: kleine Delikatessen im Glas, knuspriges, süsses und pikantes Gebäck. Dazu überraschende Ideen rund um Brot und Ei. Dann das süsse Finale für alle Naschkatzen und Desserttiger.

> Art. 27058.998

## FESTTAGE ZUM GENIESSEN

Mit diesen Hitrezepten wird Weihnachten, Silvester und jeder andere Feiertag zum kulinarischen Fest – für alle. Mit der richtigen Rezeptauswahl geniessen auch die Gastgeber in brillanter und entspannter Festtagslaune.

> Art. 27056.998

## EINFACH ASIATISCH

**320 Seiten!**

Die beliebtesten Gerichte und Neuentdeckungen aus den beliebtesten asiatischen Ländern: Thailand, Vietnam, China, Japan, Indonesien, Malaysia und Indien. Die Rezepte sind einfach nachzukochen, leicht und gesund.

> Art. 27054.998

## MARKTFRISCHE KÜCHE

Frisch, leicht und überzeugend: saisonale Rezepte, schnell und unkompliziert, mit einheimischen Zutaten. Denn: Das Gute liegt so nah! Verfeinert wird mit frischen Kräutern aus dem Kloster- und Bauerngarten.

> Art. 27052.998

## FISCH UND MEERESFRÜCHTE

Gesund, leicht, raffiniert und vielseitig: neue, köstliche Rezepte für Vorspeisen, Suppen, Salate und Hauptgerichte. Dazu einige superschnelle Kreationen sowie Tipps für nachhaltigen Fischgenuss.

> Art. 27050.998

## SCHWIIZER CHUCHI

**320 Seiten!**

Traditionsreiche Klassiker, neue, marktfrische Küche mit einheimischen Zutaten. Dazu Klassiker, neu interpretiert: aus denselben Zutaten ist ein neues Gericht entstanden, aber immer noch «ächt schwiizerisch».

> Art. 27046.998

## PLÄTZLI & STEAKS

Suchen Sie Alternativen zum ewigen Schnipo? Voilà: jede Menge Abwechslung und kreative Ideen, dazu viele neue Saucen. Wir haben Plätzli und Steaks gefüllt und umhüllt, aufgespiesst und gerollt. Dazu feine «Plätzli»-Ideen für Vegis.

> Art. 27044.998

## KARTOFFELN

Viele neue Rezepte mit der Wunderknolle, schnell, einfach und dennoch raffiniert: aromatische Hauptgerichte, feine Beilagen, knackige Salate und schnelle Suppen. Dazu wie immer wertvolle Tipps rund um die Kartoffel.

> Art. 27042.998

## FASZINATION CURRY

Würzige Schmorgerichte, herzhafte Kokoscurrys, leichte Gerichte mit Fisch und Meeresfrüchten – dieses Buch bietet eine Vielfalt vom einfachen Bauerncurry bis zur königlichen Köstlichkeit.

> Art. 27040.998

## SCHNELLE VORSPEISEN, HÄPPCHEN & TAPAS

Feines zum Aperitif, raffinierte Vorspeisen und Salate zum Brillieren, Knuspriges aus dem Ofen und herrliche Tapas. Alle Rezepte sind schnell und einfach, dennoch mit einer Prise Glamour. Dazu viele Tipps rund ums Anrichten und Garnieren.

> Art. 27038.998

## WÄHEN, PIZZAS, FLAMMKUCHEN

Super Rezepte und Tipps für schnelle Wähen, süss und pikant, klassisch und überraschend neu. Dazu die besten Rezepte für Pizza, Focaccia und raffinierte Flammkuchen. Sie entscheiden: Teig selber machen oder kaufen.

> Art. 27036.998

## NEUE GEMÜSEKÜCHE

Bunt, gesund und kreativ: neue, einfache Rezepte mit einheimischem Gemüse, speziell für den Alltag geeignet. Beilagen, leichte Vorspeisen, feine Salate und unkomplizierte Hauptgerichte. Mit cleveren Tipps und einer Saisontabelle.

> Art. 27034.998

## BACKEN IN DER WEIHNACHTSZEIT

Neue Ideen für eine stimmungsvolle Adventszeit: 35 Sorten schnelle, einfache und traditionelle Guetzli, weihnachtliche Gugelhöpfe, Glühwein-Mini-Savarins, Stollen, Lebkuchen, Biberli, Birnenweggen, Grittibenzen und Dreikönigskuchen.

> Art. 27028.998

## GSCHNÄTZLETS & GHACKETS

Schnell, gut, günstig: kleine Mahlzeiten, Vorspeisen, Pasta-Saucen, Eintöpfe, Gerichte aus dem Ofen, Gschnätzlets und Ghackets mit feinen Saucen, Hamburger- und Tatar-Variationen. Dazu Tipps und eine Pannenhilfe für Saucen.

> Art. 27026.998

## WUNDERBAR HALTBAR

Selbstgemacht schmeckts am besten: Konfitüren, Gelees, Sirup, Feines in Essig und Öl, Dörrfrüchte, hausgemachte Bouillon – alles ganz natürlich. Dazu viele schnelle Rezepte mit den selbstgemachten Delikatessen und viele Tipps für sicheres Gelingen.

> Art. 27024.998

## GESUND GENIESSEN

Schlank bleiben oder schlank werden mit unseren feinen Frühstücksideen, mit kalten und warmen Gerichten mit Fleisch, Poulet, Fisch und vegetarisch. Dazu himmlische Desserts und viele Tipps rund um die gesunde Ernährung.

> Art. 27022.998

## DAS GROSSE BETTY BOSSI KOCHBUCH 480 Seiten!

Das Basiskochbuch von Betty Bossi darf in keiner Küche fehlen. Es ist Nachschlagewerk und Inspirationsquelle für alle, vom Einsteiger bis zum Kochprofi, mit allen Grundrezepten samt Varianten, über 600 Bildern und noch mehr Tipps.

> Art. 27018.998

## FEINES MIT GEFLÜGEL

Viele neue, leichte Rezepte mit Poulet, Truthahn, Ente und Strauss. Knuspriges aus dem Ofen, delikat Geschmortes und Sommerliches vom Grill, feine Vorspeisen, einige Klassiker aus fernen Ländern und viele Tipps rund um Geflügel.

> Art. 27016.998

## CAKE-FESTIVAL

Cakes sind schnell gemacht und schmecken allen. Feines für die Weihnachtszeit, viele neue Rezepte und einige heiss begehrte Klassiker. Besonders raffiniert: pikante Cakes zum Brunch oder Apéro. Dazu originelle Deko-Tipps.

> Art. 27012.998

## NIEDERGAREN – LEICHT GEMACHT

Zarter und saftiger kann Fleisch nicht sein! Die besten Stücke von Rind, Kalb, Schwein, Lamm, Kaninchen, Reh und Geflügel. Dazu 65 neue, raffinierte Saucen, viele Marinaden, Tipps und Tricks unserer Profis.

> Art. 27010.998

## REISKÜCHE

Einfach in der Zubereitung, leicht im Genuss: 35 herrliche Risotto-Varianten als Vorspeise, Beilage oder Hauptgericht, dazu kreative Rezepte für Tätschli, Gratins, Salate, 28 raffinierte Beilagen und verführerische Dessertideen.

> Art. 27006.998

## BACKSTUBE

80 neue Rezepte für Cakes, Kuchen, Strudel, Blechkuchen, Wähen und Muffins, mit süssen Früchten und cremigen Füllungen. Das kleine Back-Abc und viele Tipps sichern Ihren Backerfolg und den süssen Genuss.

> Art. 27004.998

## AUS 1 PFANNE

Schnelle Alltagsrezepte mit wenigen Zutaten und nur einer Pfanne: Überraschendes mit Spätzli, Rösti, Teigwaren, Fleisch und Poulet. Dazu ein paar neue, unkomplizierte Wok-Gerichte. Unkompliziert geniessen ist so einfach.

> Art. 27002.998

## DAS NEUE SALATBUCH

Viele neue Rezepte für Salatgenuss rund ums Jahr: raffinierte Vorspeisen, leichte Hauptgerichte und schnelle Beilagen. Dazu 3 Salat-Buffets mit Vorbereitungstipps, über 70 Salatsaucen sowie wertvolle Informationen rund um den Salat.

> Art. 27000.998

## DESSERTS FÜR ALLE

Raffinierte Desserts zum Verlieben! Cremen, Sorbets, Törtchen und vieles mehr! Hier kommen Dessert-Fans ins Schwärmen. Süsses, mal luftig, mal eisig, auch knusprig oder fruchtig frisch. Diese Gaumenfreuden krönen jedes feine Essen.

> Art. 20938.998

## GAUMENFREUDEN

Erfolgsrezepte aus der Betty Bossi Kochschule für Geflügel, Fleisch und Fisch mit interessanten Tipps und zahlreichen Informationen zu den Zutaten. Gerichte, deren Zubereitung Spass macht. Das Resultat lässt Geniesser schwelgen!

> Art. 20932.998

## FEINE SAUCEN UND PASSENDE GERICHTE

Helle und dunkle Saucen, dazu passende, raffinierte Fleisch-, Geflügel- und Fischgerichte. Klassische Saucen und neue, pfiffige Varianten. Eine Fülle von kalten Saucen für feine Apéro-Häppchen sowie Tipps und Tricks.

> Art. 20910.998

## DAS ANDERE GRILLIERBUCH

Milde und pikante Marinaden, Geflügel, Fisch oder Fleisch, feines Gemüse, aromatische Früchte und raffinierte Beilagen. Rezepte für den Grill, aber auch für Backofen oder Grillpfanne. Dazu Tipps und Tricks rund um Feuer und Glut.

> Art. 20904.998

## DAS NEUE GUETZLIBUCH

Klassische Weihnachtsguetzli mit neuen Kreationen und die feinsten Schoggiguetzli zum Verwöhnen. Köstliche Guetzli, schnell gemacht, und eine Auswahl der besten Vollkornguetzli. Dazu Ideen für hübsche Verpackungen.

> Art. 20902.998

## KNUSPRIGES BROT UND KÖSTLICHE BROTGERICHTE

Rezepte für Brot zum Selberbacken, vom Vollkornbrot bis zum Zopf. Praktische Hinweise und Informationen zu den Grundzutaten. Dazu eine Fülle von Rezepten für feine Brotgerichte: neue, leichte Kreationen und Klassiker aus Grossmutters Küche.

> Art. 20900.998

# Weitere Betty Bossi Vorteile!

**10 Ausgaben**
**voller Genuss**

## Betty Bossi Zeitung

> 10 × jährlich
> Zeitung – mit Rezepten, die sicher gelingen!
> Neue Bücher und Spezial-Angebote – zum Abonnenten-Vorzugs-Preis!
> Ihre Betty Bossi Kochbücher sind jederzeit ONLINE abrufbar.

Bestellen Sie mit der nachfolgenden Bestell-Karte oder unter www.bettybossi.ch

**Meine Rezepte**
**Online**

## Betty Bossi online

> 24 Stunden für Sie da!
> Alle Neuigkeiten auf einen Blick
> Einfache Navigation
> Schnelle Bestellung
> Kostenloser Newsletter
> Noch mehr Rezepte und wertvolle Tipps

www.bettybossi.ch

**Küchenhelfer**
**zum Vorzugs-Preis!**

## Betty Bossi Spezial-Angebote

> Von Betty Bossi erprobt, von Betty Bossi empfohlen!
> Clevere Helfer für Küche und Haushalt
> Innovative Eigenentwicklungen

Bestellen Sie unter www.bettybossi.ch

Betty Bossi

Bitte frankieren

Bitte senden Sie mir weitere Bestell-Karten zu.

Anzahl: ______

Betty Bossi
Postfach
8902 Urdorf
Schweiz

Betty Bossi

Bitte frankieren

Bitte senden Sie mir weitere Bestell-Karten zu.

Anzahl: ______

Betty Bossi
Postfach
8902 Urdorf
Schweiz

# Bestell-Karte für Betty Bossi Kochbücher

2019100

| Anzahl | | Artikel | Preis* |
|---|---|---|---|
| | Gemüselust | 27100.998 | Fr.36.90 |
| | Gesund & Schlank Band 4 | 27098.998 | Fr.36.90 |
| | Pasta | 27096.998 | Fr.36.90 |
| | Blechkuchen & Brownies | 27094.998 | Fr.21.90 |
| | Gesund & Schlank Band 3 | 27092.998 | Fr.36.90 |
| | Herzlich eingeladen | 27090.998 | Fr.36.90 |
| | Schnell & einfach | 27088.998 | Fr.21.90 |
| | Luftig leichte Desserts | 27082.998 | Fr.21.90 |
| | Gesund kochen | 27080.998 | Fr.21.90 |
| | Die neue Fleischküche | 27078.998 | Fr.36.90 |
| | Gesund & Schlank Band 2 | 27076.998 | Fr.36.90 |
| | Kuchenduft | 27074.998 | Fr.36.90 |
| | Lustvoll vegetarisch | 27072.998 | Fr.36.90 |
| | Lust auf Wurst | 27070.998 | Fr.16.90 |
| | Echt italienisch | 27068.998 | Fr.36.90 |
| | Take 4 | 27066.998 | Fr.21.90 |

| Anzahl | | Artikel | Preis* |
|---|---|---|---|
| | Gesund & Schlank Band 1 | 27064.998 | Fr.21.90 |
| | Gratins & … | 27060.998 | Fr.21.90 |
| | Brunch | 27058.998 | Fr.21.90 |
| | Festtage zum Geniessen | 27056.998 | Fr.21.90 |
| | Einfach asiatisch | 27054.998 | Fr.36.90 |
| | Marktfrische Küche | 27052.998 | Fr.21.90 |
| | Fisch und Meeresfrüchte | 27050.998 | Fr.21.90 |
| | The Swiss Cookbook | 27048.998 | Fr.36.90 |
| | Schwiizer Chuchi | 27046.998 | Fr.36.90 |
| | Plätzli & Steaks | 27044.998 | Fr.21.90 |
| | Kartoffeln | 27042.998 | Fr.21.90 |
| | Faszination Curry | 27040.998 | Fr.21.90 |
| | Schnelle Vorspeisen, Häppchen & Tapas | 27038.998 | Fr.21.90 |
| | Wähen, Pizzas, Flammkuchen | 27036.998 | Fr.21.90 |
| | Neue Gemüseküche | 27034.998 | Fr.21.90 |
| | Backen in der Weihnachtszeit | 27028.998 | Fr.21.90 |

| Anzahl | | Artikel | Preis* |
|---|---|---|---|
| | Gschnätzlets & Ghackets | 27026.998 | Fr.21.90 |
| | Wunderbar haltbar | 27024.998 | Fr.21.90 |
| | Gesund geniessen | 27022.998 | Fr.21.90 |
| | Das grosse Betty Bossi Kochbuch | 27018.998 | Fr.49.90 |
| | Feines mit Geflügel | 27016.998 | Fr.21.90 |
| | Cake-Festival | 27012.998 | Fr.21.90 |
| | Niedergaren – leicht gemacht | 27010.998 | Fr.21.90 |
| | Reisküche | 27006.998 | Fr.21.90 |
| | Backstube | 27004.998 | Fr.21.90 |
| | Aus 1 Pfanne | 27002.998 | Fr.21.90 |
| | Das neue Salatbuch | 27000.998 | Fr.21.90 |
| | Desserts für alle | 20938.998 | Fr.21.90 |
| | Gaumenfreuden | 20932.998 | Fr.21.90 |
| | Feine Saucen und passende Gerichte | 20910.998 | Fr.21.90 |
| | Das andere Grillierbuch | 20904.998 | Fr.21.90 |
| | Das neue Guetzlibuch | 20902.998 | Fr.21.90 |
| | Brot und Brotgerichte | 20900.998 | Fr.21.90 |

Die Rechnung geht an: ☐ Frau ☐ Herr

Kundennummer:

Name:

Vorname:

Strasse:

PLZ/Ort:

*Preisänderung vorbehalten, zzgl. Versandkostenanteil

**Betty Bossi**

Bitte
frankieren

Bitte senden Sie mir weitere Bestell-Karten zu.

Anzahl: ______

Betty Bossi
Postfach
8902 Urdorf
Schweiz